移転価格の
税務調査
対応マニュアル

GMT移転価格税理士事務所【編】

田島宏一【著】

中央経済社

はしがき

　移転価格税制は，国家間での所得配分を司るものであり，また，あらゆる業種・業態を対象とすることから画一的な規定を設けること自体が困難なため，グレーゾーンの多い税制と認識されてきました。

　過去においては詳細な事務運営指針もなく，明確な答えがない中で，税務調査や国家間協議が行われてきました。そうした移転価格の現場の中で，税務当局と専門家，企業担当者が数多くの議論を積み重ね，一歩一歩発展を遂げてきたように思われます。近年ではOECDガイドラインをはじめ，日本の事務運営指針や諸外国内での移転価格ガイドラインの整備もある程度進んできたように思われます。しかし，移転価格税制はそうした多くの事例から積み上げられたものであるがゆえに，一朝一夕で理解することは難しく，各企業が自ら対応できるようになるには，まだまだ時間がかかるものと思われます。特に移転価格に関する税務調査については，各企業が経験するのは数年に1回ということもあり，各企業が知識と経験を蓄積することは困難であると思われます。

　この10年の間に，大企業を中心に移転価格の整備や事前確認の取得が進み，一部の大企業においては適切な移転価格運営がなされるようになってはきました。しかし，近年では移転価格課税の対象の中心が中堅企業へと移行し，移転価格への対応がとられていない中堅企業への税務調査の現場では，寝耳に水で多額の課税を受けてしまう事例が後を絶ちません。特に近年では日本だけではなく，世界的に移転価格課税が強化される方向にあり，海外子会社所在国での移転価格課税も目立っていることから，その対応は困難を極めています。

　本書では，これまで筆者が10年にわたり移転価格税制への対応を行ってきた経験をもとに，移転価格税務調査がどのように行われ，企業としてはどのような対応をとっていったらよいかについて，初心者でも理解できるよう記述することを心がけました。また，杓子定規な理論の説明をするのではなく，現実問

題を直視し，より実務に即した移転価格の解説書とすることに努めました。日本企業にとって今後ますます重要になる海外展開にあたって，移転価格課税リスクの存在と必要な対応をご理解いただき，不本意な課税を受けることがなくなる一助となることを願うものです。

　最後に，本書の完成にあたり貴重な助言をいただいた中央経済社の奥田真史氏に感謝申し上げます。

　平成26年7月

　　　　　　　　　　　　　　　　　　　　　　　　　田島　宏一

目　次

はしがき

第1章　移転価格調査の現状と基礎知識

1　近年の移転価格課税の執行状況 ―― 2
（1）　中小・中堅企業も移転価格課税の対象となった現状 ―― 2
（2）　税務署による移転価格調査の本格化 ―― 4
（3）　税務署所管法人の約7割が海外取引において課税を受けている ―― 5
（4）　移転価格課税を受けている業種 ―― 7
（5）　移転価格課税を受けている取引内容 ―― 9
（6）　移転価格課税に伴うニュースリリースとマスコミ報道 ―― 11

2　知らない間に負っている移転価格の課税リスク ―― 14
（1）　納税者が移転価格課税リスクに気づいていない構造的問題 ―― 14
（2）　「配当で利益を回収している」という誤認 ―― 16
（3）　海外に所得が移転されてしまう仕組み ―― 17

3　移転価格税制の課税対象 ―― 20
（1）　租税特別措置法66条の4の規定 ―― 20
　　①　50％以上の持ち分関係を有する者との取引／21
　　②　資産の販売，資産の購入，役務の提供その他の取引／23
　　③　独立企業間価格となっていない場合／23
（2）　税務署所管法人が海外取引において課税を受ける事例 ―― 25
（3）　移転価格課税と寄附金課税 ―― 25

第2章 税務当局の視点と自社の課税リスクチェック

1 税務当局による移転価格の検証方法 ─── 32
- （1） 取引価格を見るのか，利益水準を見るのか ─── 32
- （2） 粗利率で見るか，営業利益率で見るか ─── 36
- （3） 利益水準の検証にあたって分母に何を置くのか？ ─── 37

2 自社の移転価格課税リスクチェック ─── 38
- （1） 移転価格課税リスクチェックリスト ─── 38
  - ① 資本金が1億円以上である／38
  - ② 海外子会社の売上高が1億円を超えている／40
  - ③ 親会社よりも子会社の利益率のほうが高い／41
  - ④ 海外子会社が営業赤字を計上している／42
  - ⑤ 日本本社が赤字販売をしている／42
  - ⑥ 海外子会社の利益水準が毎期大きく変動する／43
  - ⑦ 製造子会社からロイヤルティを取っていない／44
  - ⑧ 子会社への出張支援について対価を取っていない／45
  - ⑨ 海外子会社への貸付について金利を取っていない／46
  - ⑩ 前回の税務調査で海外子会社の情報をいろいろ聞かれた／48
  - ⑪ 移転価格文書化資料を準備していない／49

3 国税庁による税務に関するコーポレートガバナンス向上への取り組み ─── 49
- （1） 国税庁が配布する移転価格に関する取組状況確認のためのチェックシート ─── 49
- （2） 税務に関するコーポレートガバナンスの充実と調査間隔の延長 ─── 53

第3章 税務当局の組織と移転価格税務調査への対応方法

1. 移転価格調査・課税を行う税務当局の組織 ─── 58
    - （1） 税務当局の組織 ─── 58
    - （2） 国税庁の組織 ─── 58
    - （3） 国税局の組織 ─── 60
2. 調査対象会社の選定──別表十七（四）の記載内容と，税務当局がそこから何を読み取るか── ─── 61
    - （1） 移転価格調査を行う企業の事前選定 ─── 61
    - （2） 別表十七（四）とは ─── 62
    - （3） 別表十七（四）の記載内容と税務当局の視点 ─── 62
        - ① 国外関連者の名称等／62
        - ② 国外関連者との取引状況等／70
        - ③ 別表十七（四）を記載しない場合／74
3. 移転価格税務調査のステップとその対応方法 ─── 75
    - （1） 本格調査に入る前の「実態調査」 ─── 75
    - （2） 調査開始の通知 ─── 76
    - （3） 調査を行う日程 ─── 77
    - （4） 移転価格調査のステップ ─── 77
        - ① 基本的な資料の提出／77
        - ② インタビューの実施／81
        - ③ 工場見学／82
        - ④ 中間意見の提示／83
        - ⑤ 修正申告の勧告／84
        - ⑥ 更正通知／85

⑦ 納税の猶予／86

4 国税通則法の改正と調査手続きへの影響および近年の調査現場の傾向 ——— 87

（1） 一般法人税調査と移転価格調査 ——— 88
（2） 調査の終了の際の手続き ——— 91
（3） 再調査を行うための条件 ——— 92
（4） 税務署所管法人に対する調査の特徴 ——— 93
（5） 寄附金課税を受けやすいケース ——— 93
（6） 中堅企業にとっての移転価格調査対応 ——— 95

5 海外子会社側での移転価格調査への対応 ——— 95

（1） 海外での移転価格税制 ——— 95
（2） 海外での移転価格調査のステップ ——— 96
（3） 海外での移転価格調査で求められる資料 ——— 96
（4） 海外での移転価格調査の特徴 ——— 97

6 積極的なタックスプランニングと税務調査 ——— 98

（1） なぜ，見解の相違が生じるのか ——— 98
（2） 合法的な節税スキームの例 ——— 99
（3） 恣意的な移転価格算定 ——— 102
（4） 悪質な租税回避行為へのOECD租税委員会の対応 ——— 103

7 移転価格税制上の無形資産と税務調査での見解の相違 ——— 104

（1） 移転価格税制上の無形資産 ——— 104
（2） 税務調査において重要な無形資産として判断された事例 ——— 107
　① 特　許／107
　② ノウハウおよび企業秘密／107
　③ 重要な広告宣伝／107
　④ 商標・商号・ブランド／108
　⑤ 広範な販売網／108

　　　　⑥　顧客リスト／108
　　　　⑦　厳格な品質管理／109
　　　　⑧　優れた生産技術／109
　　　　⑨　現地化開発／109
　（3）　重要な無形資産に該当するか否かの判断基準 ················· 110
　（4）　重要な無形資産に該当しないもの ··························· 111
　　　　①　グループのシナジー／112
　　　　②　市場固有の特徴／112
　（5）　「重要な無形資産」から「独自の機能」への改正 ············· 112
　（6）　無形資産の法的所有者と経済的所有者 ······················· 113
　（7）　開発費用の負担と無形資産の所有 ··························· 114
　（8）　委託開発の場合 ··· 115
　（9）　無形資産の共同所有 ······································· 116
　（10）　税務調査における見解の相違のポイントと対応 ··············· 117
　　　　①　海外子会社の活動が重要な無形資産の構築活動であるのか否か／117
　　　　②　海外子会社が重要な無形資産の所有者であるのか否か／117

第4章　二重課税の解消方法と課税を受けないための対策

1　移転価格課税を受けてしまった場合の救済措置 ────── 120
　（1）　移転価格課税を受けても還付を受けることができる？ ········· 120
　（2）　相互協議のステップ，期間とコスト ························· 122
　　　　①　事前相談／122
　　　　②　申立書の作成／122
　　　　③　申請書の提出・審査（日本側）／124

④ 申立書の提出・審査（相手国側）／124
⑤ 相互協議／125
　（3）中堅企業にとっての移転価格課税の問題点 ———————— 125
　（4）新興国取引の増加と移転価格問題の深刻化 ———————— 126
　（5）国内救済措置 ——不服申立てと税務訴訟—— ———————— 126
　（6）相互協議の申立てと不服申立ての同時申請 ———————— 129

② 課税を受けないためのグループ内移転価格ルールの設定 — 129
　（1）移転価格ポリシーとは ———————————————————— 129
　（2）移転価格ポリシーの設定順序 ———————————————— 130
　（3）グループ各社との取引価格ルールは国・取引ごとに要検討 ———— 130
　（4）社内での情報共有 ————————————————————— 131
　（5）社内規定の策定 —————————————————————— 131
　（6）移転価格の運営 —————————————————————— 132

③ 税務調査に備えた移転価格文書化 ———————————— 133
　（1）平成22年度税制改正による具備すべき資料の明確化 ———— 133
　　① 国外関連取引の内容を記載した書類／135
　　② 国外関連取引に係る独立企業間価格を算定するための書類／138
　（2）ただ準備すればよいというわけではない文書化の真意 ———— 143
　（3）本社主導の文書化資料作成の必要性 ———————————— 143
　（4）文書化資料の更新 ————————————————————— 144
　（5）日本以外の国での移転価格文書化規定への対応 —————— 144
　（6）移転価格文書化資料の世界共通フォーマット ———————— 145

④ 課税リスクをゼロにする事前確認申請 ———————————— 154
　（1）バイラテラルAPA ————————————————————— 154
　（2）ユニラテラルAPA ————————————————————— 155
　（3）事前確認申請の現状 ———————————————————— 156

（4）過去の課税に対する相互協議と事前確認の同時申請 ……………… 158
　（5）事前確認の対象期間とロールバック ……………………………… 159

補章　留意すべき近年の個別論点

① 平成25年度の税制改正によるベリー比の導入について — 162
　（1）デュ・ポン社ケースでベリー比が用いられた背景 ………… 163
　（2）ベリー比の意義 …………………………………………………… 165
　（3）OECDガイドラインが求めるベリー比使用の要件 …………… 167
　（4）ベリー比の製造業への応用の可能性
　　　（パススルーコストの取扱い） …………………………………… 168
　（5）比較可能性の論点と今後の実務における
　　　ベリー比の使用にあたって ……………………………………… 169

② 新興国と先進国での利益の帰属に関する最近の議論
　（ロケーションセイビングとマーケットプレミアム，
　グループシナジーの取扱いについて） ────────── 171
　（1）新OECDガイドラインディスカッションドラフトでの記述 …… 173
　（2）具体的な調整計算方法の例 …………………………………… 175
　（3）グループシナジーにより生じた利益の帰属 ………………… 176
　（4）共同購買によるボリュームディスカウントの取扱い事例①
　　　──特定の法人が一括で仕入を行い，他のグループ企業へ販売する場合── …………………………………………………………… 178
　（5）共同購買によるボリュームディスカウントの取扱い事例②
　　　──特定の法人がグループ企業を代表して価格交渉を行う場合── ……………………………………………………………………… 179
　（6）共同購買によるボリュームディスカウントの取扱い事例③ …… 180

あとがき

第1章

移転価格調査の現状と基礎知識

1 近年の移転価格課税の執行状況

(1) 中小・中堅企業も移転価格課税の対象となった現状

「移転価格税制」というと，数十億円から百億円を超えるような大規模な更正所得金額を新聞報道などで目にすることが多かったためか，海外子会社の売上高がまだそれほど大きくない企業の税務担当者からは「うちはまだ移転価格調査が入るような規模の企業ではないですよ」という声を耳にすることがあります。また，「わが社の税務調査は税務署管轄だから，国税局から移転価格調査される予定はないですよ」という税務担当者もいらっしゃいます。しかし，果たして本当に大丈夫なのでしょうか。

これまで移転価格についての税務調査は，主に国税局内の専門チームにより行われてきており，税務当局の人員も限られることから，その課税対象は数十億円以上の大型取引が中心となっていたように思われます。しかし，この10年ほどの間にそのような大型取引への課税も概ね一巡した感があり，また大企業としても移転価格課税による追徴税額のインパクトの大きさを認識し，ここ数年で移転価格税制に即した所得配分を行う体制を整えてきたように思われます。そのため近年の移転価格課税の対象は，数千万円から数億円規模の取引を行う中堅企業にシフトしてきている傾向がみられます。

実際に，過去10年あまりの移転価格課税の件数と課税金額の推移を見ると，課税件数は右肩上がりの増加傾向にありますが，課税金額は平成17年をピークに大きく低下し，近年は横ばい傾向にあります。課税金額を課税件数で割り返した1件当たりの平均課税金額も，平成19年ごろまでは10億円から20億円程度でしたが，平成20年以降は4億円程度となっています。新聞報道でもみられるとおり各年度，追徴税額が100億円を超えるような事案もあることから，そのような大型の課税事案を除いて計算すれば1件当たりの課税金額はさらに小さいものと考えられます。

このように，5年ほど前とは状況が一変してきており，自社には調査は来な

1　近年の移転価格課税の執行状況　3

図表1-1　移転価格課税件数と課税金額の推移

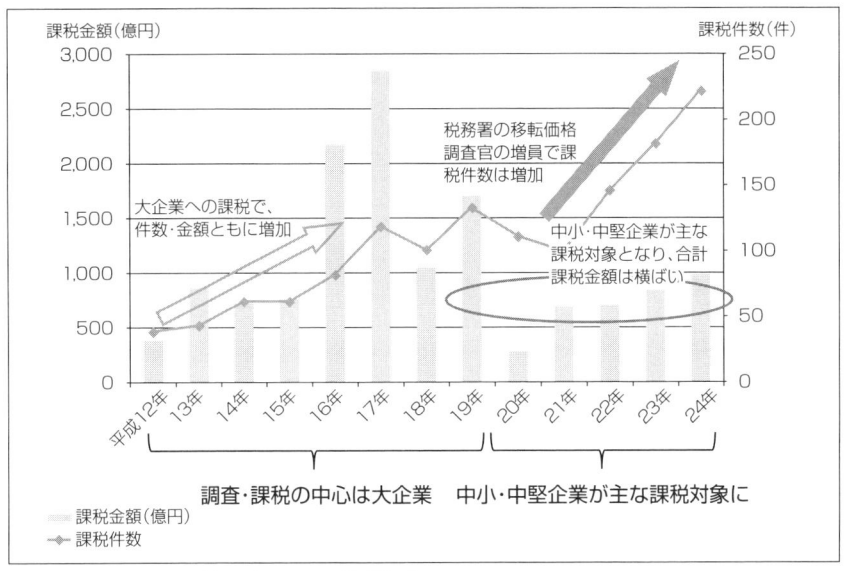

(出所) 国税庁公表資料などをもとに筆者作成

いだろうというこれまでの考え方は非現実的になってきたといえます。移転価格税制は『税制』であるため，会社の規模にかかわらず適切な納税が求められ，ルールに反していれば追徴課税がなされます。さらに，移転価格課税はインパクトが大きく，数千万円から数億円の追徴課税も珍しくありません。後述しますが，こうした移転価格課税を受けた場合には1つの所得に対して二重に課税される状態となり，追加的なタックスコストとなってしまいます。移転価格課税による突然の大きなキャッシュアウトは経営・財務への影響も予想され，事業計画に支障をきたしかねません。

　移転価格の税務調査官は増員を続けており，今後減らすことはないと考えられることから，課税件数は今後も高水準で推移するものと考えられます。一方で移転価格課税の時効は6年であることから，課税リスクが時効により消滅していくよりも先に，税務調査が入る可能性が高いと考えられます。また，移転価格課税リスクを放置すれば，毎年リスク金額は積み上がっていき，過去6年

分を一度に課税されるため，多額のキャッシュアウトが突然生じる結果となります。特に，大企業だけでなく中小・中堅企業にとっても海外市場の重要性が増していく現状においては，海外売上高の増加に伴い，移転価格課税リスクも比例して大きくなっていくこととなります。

まずは，自社グループも移転価格課税の対象となることを認識し，対応策を講じることが重要であると考えられます。

(2) 税務署による移転価格調査の本格化

移転価格についての税務調査は，資本金1億円以上の大企業を所轄する国税局の移転価格調査専門チーム（国際情報一課）が中心となっていたため，移転価格課税は大企業に対するものであるというイメージが持たれてきました。しかし，この10年あまりで大企業への課税が一巡した感があり，大企業もそうした課税を受けないように移転価格税制に即した取引ルールの整備を進めてきました。また，大企業においてはグループ間取引ルールについて税務当局から確認を取る事前確認申請（詳細は後述）の取得も増えたことから，大企業に対して調査・課税を行う余地は以前と比べてかなり減ってきたものと考えられます。

一方で，国際税務への対応が遅れている中小・中堅企業に対し，移転価格課税を強化するため，国税局の移転価格チームを各地の主要な税務署に異動させる人事が増えているようで，近年では移転価格課税の約半数が税務署所管法人による中小企業に対するものとなっています。

図表1-2では，資本金1億円以上の企業で各地域の「国税局」が税務調査を行う法人を大企業とし，資本金1億円未満の企業で各地域の「税務署」が税務調査を行う法人を中小企業と定義しています。前述のとおり，これまでは国税局に移転価格の専門官が置かれていたため，以前は国税局の所管となる大企業への移転価格調査が中心となっていましたが，近年では各地域の主要な税務署に移転価格の専門官を置き，その税務署の移転価格専門官が他の複数の税務署の移転価格調査のサポートも行っているため，税務署レベルでの移転価格調査の件数が多くなっているようです。

図表1-2　移転価格課税件数の推移と内訳

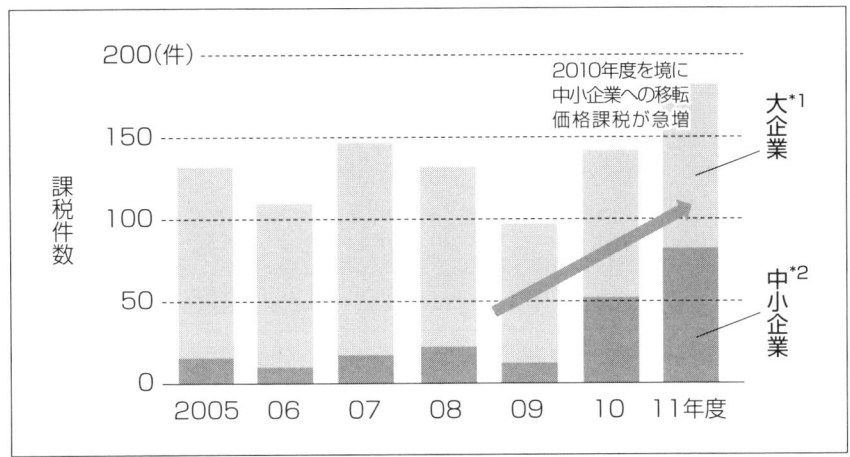

＊１　大企業＝資本金１億円以上の国税局所管法人
＊２　中小企業＝資本金１億円未満の税務署所管法人
（出所）中日新聞 2013年4月19日 朝刊1面より中日新聞社の許諾を得て抜粋

　移転価格税制は税法であり，海外子会社との取引規模の大小にかかわらず，違反した場合には追徴課税を受ける対象となり，海外取引の規模が小さいからといって課税を受けないということはありません。移転価格に関する調査・課税の対象が小型化している現状においては，特に留意が必要と考えられます。

(3)　税務署所管法人の約７割が海外取引において課税を受けている

　今般の東京国税局の発表によると，平成23事務年度の税務署所管の海外取引法人に対する調査件数は，6,284件となっており，前年度の3,576件に比べて大幅に増加する結果となりました（図表１－３参照）。平成24年度以降については，税務署所管の海外取引法人を区分して公表はされていませんが，中小・中堅企業の海外取引の増加と，それに対応する国際税務専門官の増加により，今後も中小・中堅企業への調査件数は増加する傾向が続くものと考えられます。

　ここで着目すべき点として，税務署所管法人に対する調査における更正・決定等の割合（非違割合）の高さがあります。平成23事務年度の6,284件の調査

図表1-3　海外取引法人に対する実地調査(法人税)の実績(税務署所管法人)

項目		事務年度		19年度	20年度	21年度	22年度	23年度
件数	実地調査件数	件	1	5,795	4,299	3,608	3,576	6,284
	更正・決定等の件数	件	2	4,391	3,338	2,769	2,731	4,323
	不正のあった件数	件	3	842	606	497	478	686
増加所得等	増加所得金額	百万円	4	41,927	34,306	30,564	53,702	42,990
	不正所得金額	百万円	5	11,358	8,461	5,977	6,389	11,379
分析	更正・決定等の割合(2/1)	％	6	75.80%	77.60%	76.70%	76.40%	68.80%
	2のうち, 不正のあった割合(3/2)	％	7	19.20%	18.20%	17.90%	17.50%	15.90%
	更正等1件当たり増加所得(4/2)	千円	8	9,548	10,277	11,038	19,664	9,944
	不正1件当たり不正所得(5/3)	千円	9	13,489	13,962	12,026	13,366	16,587

※　平成24年度以降については公表区分が変更したため不明
(出所) 国税庁ホームページの情報をもとに筆者作成

のうち, 実に4,323件, 割合にして約68.8％の企業が更正・決定を受ける結果となっています。この非違割合の高さは過去から慢性的にみられるもので, 税務署所管法人 (資本金1億円未満の法人) については, 毎年7割強の法人が調査において課税を受けています。

比較のため, 資本金1億円以上の大企業を対象とする国税局所管法人の調査件数を含む国税庁発表資料から, 海外取引法人に対する調査・課税の実績を見てみると, 平成23事務年度の調査件数は15,247件, うち更正・決定等を受けた法人は3,666件, 割合にして約24.0％という結果となっています (**図表1-4**参照)。これも決して低い数字ではありませんが, 税務署所管法人の非違割合と比較すると, やはり海外取引経験の長い大規模法人は, 国際税務への対応も相対的には進んでいるものと考えられます。

これらの統計からも, 特に中小・中堅企業においては, 国際税務への対応が

図表1-4　海外取引法人等に対する実地調査(法人税)の実績

項目			事務年度	19年度	20年度	21年度	22年度	23年度
件数	海外取引法人等調査件数	件	1	13,153	14,300	13,145	13,804	15,247
	海外取引に係る非違があった件数	件	2	3,267	3,297	3,256	3,578	3,666
	同上のうち,不正発見件数	件	3	615	610	573	622	606
増加所得等	海外取引等に係る申告漏れ所得金額	億円	4	4,458	2,187	8,014	2,423	2,878
	同上のうち,不正所得金額	億円	5	224	228	270	286	188
分析	更正・決定等の割合(2/1)	%	6	24.84%	23.06%	24.77%	25.92%	24.04%
	2のうち,不正のあった割合 (3/2)	%	7	18.82%	18.50%	17.60%	17.38%	16.53%
	更正等1件当たり増加所得(4/2)	億円	8	1.36	0.66	2.46	0.68	0.79
	不正1件当たり不正所得(5/3)	億円	9	0.36	0.37	0.47	0.46	0.31

※　平成24年度以降については公表区分が変更したため不明
(出所)　国税庁ホームページの情報をもとに筆者作成

遅れていることが明らかです。特に近年では,多くの企業において海外市場での展開が経営課題となっているものと思われますが,海外展開にあたっては国際税務の問題を避けては通れないということを十分に認識し,調査・課税を受ける前に対応をとるべきであると考えられます。

(4)　移転価格課税を受けている業種

　移転価格課税は,基本的に海外子会社とのすべての取引が課税対象となるため,業種にかかわらず,海外子会社を持っていれば何らかの取引があるものと考えられますので,基本的にはすべての多国籍企業が課税対象になると考えて

よいと思います。

　その中でも，特に製造業については，海外に生産拠点を設けるケースが多く，日本本社との製品取引や原材料・部品等の取引金額が大きくなる傾向があります。そのため移転価格の設定に問題があれば，多額の所得が海外に流出している可能性が高くなります。税務当局としては，業種による差別はしていませんが，やはり海外への所得の流出の大きい企業から順に調査を行う必要があるため，結果として製造業の割合が大きくなっています。

　次に，商社などの卸売業についても，海外子会社設立前には日本本社から直接海外の代理店等に販売していたものを，海外に販売子会社を設立すると同時に海外販売子会社に多くの利益が計上されてしまう場合などには移転価格の問題が生じますので，当然調査対象となります。

　なお，近年調査対象として増えてきている業種として，ITなどのサービス業があります。これまでサービス業については，製造業に比べて海外展開をしている会社の割合が低かったように思われますが，近年では，新興国のIT技術者のレベルが上がってきており，開発の一部を海外子会社に委託し，安い人件費を利用するなど，これまで製造業で行われてきた方法がサービス業でもとられるようになってきました。また，サービス業については，比較的少人数でプロジェクトが運営されることや，売上のほとんどが利益になるケースも多く，海外に所得を移転されやすいという特徴ももっています。そのため，税務当局としては今後，サービス業についても積極的に移転価格調査を行っていくものと推察されます。

　なお，移転価格課税を受けた場合，1つの所得に対して2ヵ国で納税することとなる二重課税状態となりますが，その解消のためには相互協議を行うこととなります（詳細は後述）。ここで，移転価格課税を受けて相互協議を申し立てている業種の割合は**図表1-5**のとおりです。

　移転価格課税を受けた会社のすべてが相互協議を申し立てているわけではないため，あくまで参考ですが，課税を受けている企業の業種割合は概ね図表1-5の割合に比例するものと考えられます。

1 近年の移転価格課税の執行状況 9

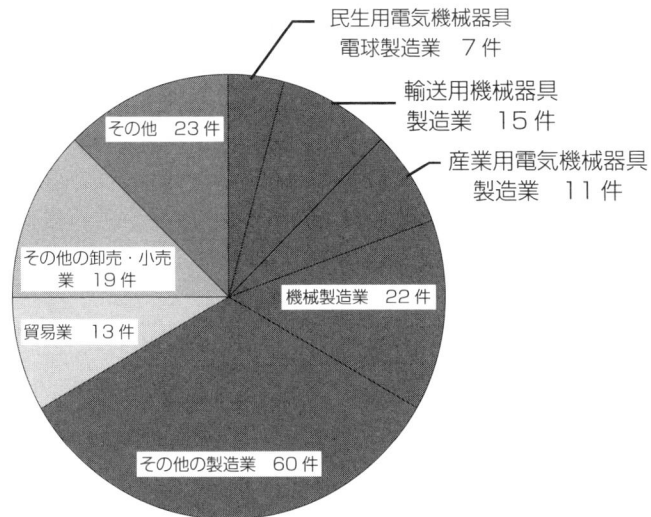

図表1-5　平成24事務年度・相互協議処理事案の内訳

業種	件数	割合（%）
製造業	115件	67.7
卸売・小売業	32件	18.8
その他	23件	13.5
処理件数計	170件	100.0

（出所）国税庁ホームページ

（5）　移転価格課税を受けている取引内容

　移転価格の税務調査においては，海外への所得移転の金額が大きい取引から優先的に検証される傾向にあり，課税金額および件数として最も多いのは，やはり海外子会社との製品取引や原材料取引などの棚卸資産取引となっています。棚卸資産取引については，業種としても課税件数の多い製造業および卸売業が関連する取引でもあるため，今後も移転価格課税の中心は棚卸資産取引となるものと考えられます。

　一方で，近年の移転価格課税の傾向として，役務提供取引と無形資産取引で

の課税件数の割合が増えていることがあげられます。無形資産取引とは，海外子会社に対する技術供与に係るロイヤルティや，商標の許諾等に係るロイヤルティの水準に関するものです。こうした海外子会社に対する無形資産の供与があって，そのうえで対価を取っていない場合はもちろん，対価を取っていたとしてもその水準が低すぎれば日本側で課税対象となります（逆に高すぎれば海外子会社側で損金否認を受けることとなります）。

これまでは，海外の製造子会社は，安価な人件費を活用して比較的単純な組立や簡易な加工を行っている場合が多かったように思われますが，近年では現地で原料の調達から製品の販売まで一貫して行い，日本の本社では主に研究開発活動を行っているような事業形態が増えています。そのため，海外子会社との取引内容として，部品や原料といった棚卸資産取引の割合が減少してきており，逆に技術供与といった無形資産取引が中心になりつつあります。こうした事業形態の変化を受け，移転価格課税の内容も無形資産取引が多くなっています。

また，別の論点として，移転価格の算定はグレーな部分が多く，棚卸資産取引や無形資産取引に係る移転価格の算定にあたっては，納税者と税務当局で解釈の違いや見解の相違が生じやすいことから，課税を行っても納税者が不服として裁判にまで発展するケースもあります。

移転価格課税の場合，税法自体が抽象的であることから，課税をした後，税務当局が裁判で敗訴するケースもあります。そのため，税務当局としても安易な判断をすれば違法な課税となってしまう可能性もあることから，課税にあたっては慎重な検討が必要となり，課税金額の算定にも長期間を要します。一方で，本社から海外子会社への出張支援に係る対価や，本社から海外子会社に対する経理の代行等のサービス提供などについて全く対価を取っていないようなケースでは，納税者にとって反論の余地も少ないことから見解の相違が生じにくいこともあり，短期間の調査で役務提供取引についてのみ移転価格課税を行うというケースも増えているようです。

こうしたことから，棚卸資産取引についての移転価格課税の件数は今後も高

図表1-6　移転価格課税を受けている取引の変化

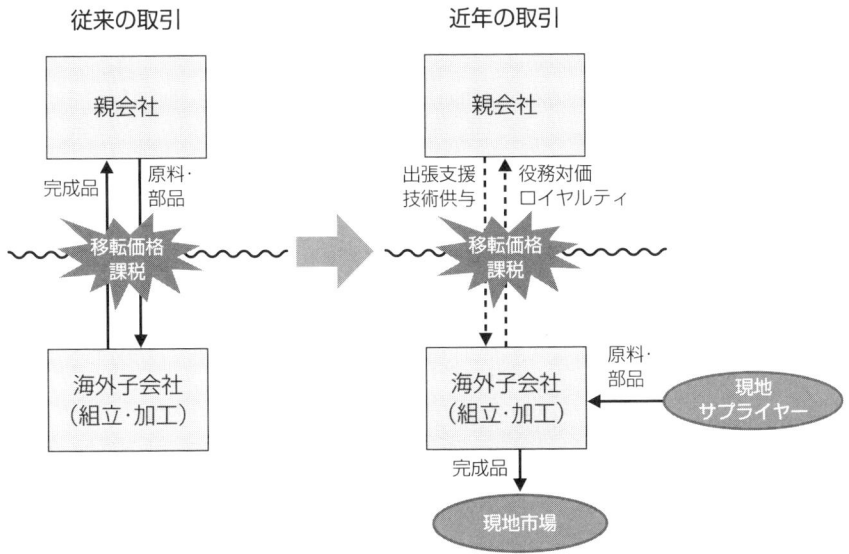

い水準で続くものと考えられますが，一方で無形資産取引および役務提供取引についても，同様に課税対象として重視される点に注意が必要です。なお，参考として平成24年度の移転価格課税に係る対象取引の割合は**図表1-7**のようになっています。

(6)　移転価格課税に伴うニュースリリースとマスコミ報道

　上場企業が多額の課税を受けた場合，株主に対して説明責任を果たすため，自らプレスリリース等で移転価格課税を受けたことを公表することとなります。移転価格調査は1年以上かかるケースも多々あり，一般的に課税判断まで長期を要することから，調査の過程で課税される可能性が高いと判断される状況になった時点でリリースの準備を始め，更正通知書を受領した後すぐに公表するケースが多いものと考えられます。

　多くの会社が，自らのグループ間価格設定に問題があるとは思っておらず，

図表1-7 平成24年度 移転価格課税の対象取引の内訳

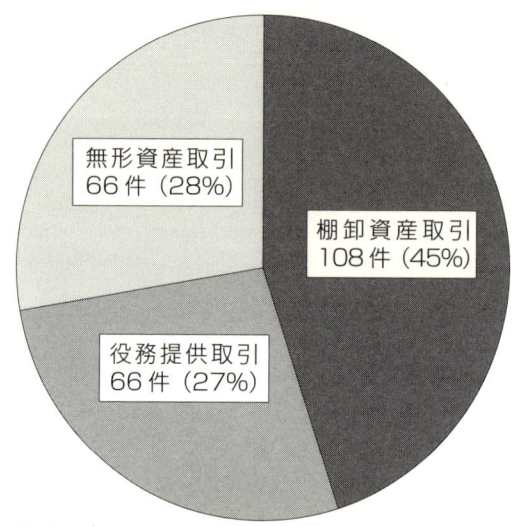

(出所) 国税庁ホームページ

リリースされる内容は「税務当局との見解の相違」により更正処分を受け，処分に対しては「遺憾である」としているケースが多いように思われます（**図表1-8参照**）。

図表1-8 ニュースリリースの例

◇移転価格税制に基づく更正通知の受領について

　株式会社○○（以下「当社」）は，東京国税局より，機械部品事業における当社とタイ子会社との間の平成○○年3月期から平成○○年3月期までの6年間の取引に関して，移転価格税制に基づく更正通知を昨日受領しました。今回の更正通知による更正所得金額は50億円であり，これによる納税額は法人税・地方税合わせて24億円と試算されます。

　当社は更正処分の対象となったタイ子会社との取引は適正であり，日本・タイにおいて適正な納税を行ってきたと考えておりますが，税務当局との見解の相違を解消することはできませんでした。したがいまして，今回このような更正処分を受けることは遺憾であり，今後当局に対し，速やかに異議申し立てを行うとと

> もに，二重課税解消の観点から租税条約に基づく日タイ税務当局間の相互協議の申立てを行います。今後，当社の見解が二国間協議の場を含めた公正な手続きの中で認められ，当社の納得できる結論が得られるものと考えております。なお，今回の更正処分による当期連結業績への大きな影響はありません。

　移転価格課税において，税務当局との「見解の相違」といっても，移転価格税制を順守しようとしても生じてしまうような事実関係の解釈の相違から生まれる避け難い「見解の相違」から，単純に移転価格税制に即した価格ルールがなく自社独自の考えによりグループ間取引を行っているケースまで，その程度はさまざまです。課税される多くのケースが後者であり，見解の相違というよりは，移転価格税制への対応がなされていないことによる課税が大半ではないかと思われます。

　いずれにしても，移転価格課税を受けたことが新聞・ニュース等で報道されると，「申告漏れ」と表現されるのが一般的です。移転価格課税については，グループ間の価格設定ルールが整備されていないことにより知らない間に課税リスクを負っているケースが多く，海外に所得を移転させる意図はない場合がほとんどですが，確かに日本で申告・納税すべき所得が海外に移転されていた結果，日本の申告所得が漏れていたという点では「申告漏れ」で間違いありません。

　一方で，新聞・ニュース等を見る一般の方からすると，あたかも所得隠しや脱税をしたような印象を与えかねず，企業の社会的信頼やブランド価値の毀損につながる可能性もあります。特に一般消費者を顧客とする企業にとっては，多額の追徴税額よりも，そちらのほうが大きなダメージとなりかねません。

　海外展開を行うグローバル企業においては，国際間での所得配分および納税を適正に行うことは必須の事項であり，国際課税ルールである移転価格税制を順守することは避けては通れない道であるといえます。

図表1-9 新聞報道の例

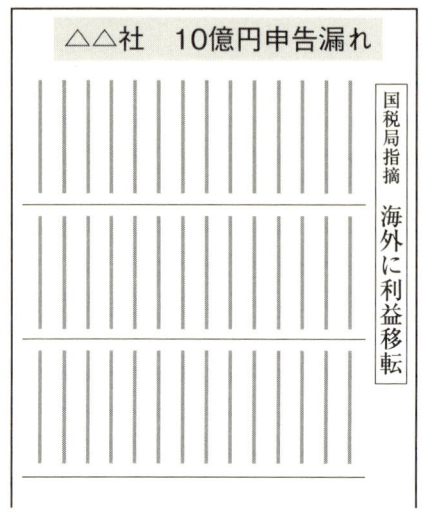

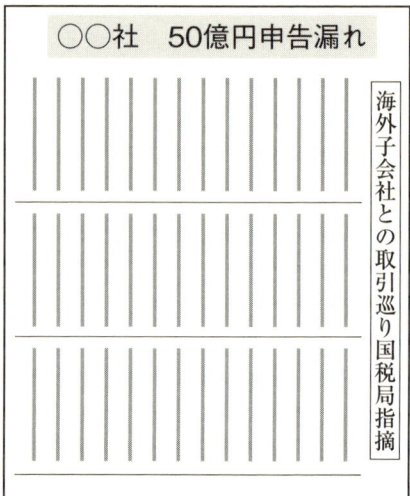

2 知らない間に負っている移転価格の課税リスク

(1) 納税者が移転価格課税リスクに気づいていない構造的問題

　移転価格税制による課税は，海外に所得を移転して税務コストを下げようという意図（租税回避の意図）の有無にかかわらず，結果として所得配分が不適切なものであれば課税を受けてしまいます。

　例えば，仮に海外子会社が日本より税率の高い国にあった場合，グローバルで税務コストを削減したければ海外子会社に所得を移転するインセンティブはありませんが，結果として海外子会社に所得が多く配分されていれば課税の対象となります。ほとんどの税務担当者は租税回避の意図などなく，だからこそ課税を受けるなどとは想像もしていないケースが多いものと思われます。

　また，移転価格税制の恐いところは，企業の税務担当者だけでなく顧問税理士も移転価格課税のリスクを認識していないケースが非常に多いということです。なぜそのような状況が起こってしまうかというと，通常，税務申告業務を

② 知らない間に負っている移転価格の課税リスク

図表 1-10 リスクに気づいていない構造的問題

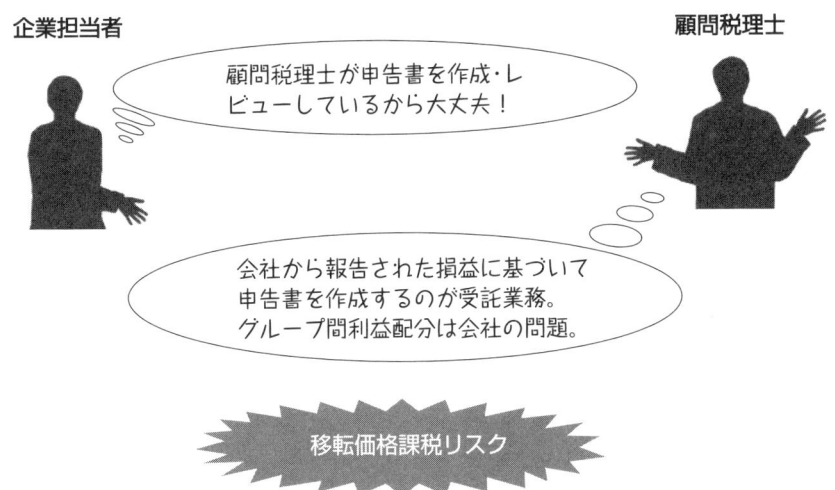

請け負う顧問税理士は会社から伝えられた会計情報が適正であることを前提として税務申告書を作成しますが,「移転価格」が適正か否かという問題は会社から報告される会計情報（日本法人の損益）そのものが適正か否かというものであるからです。

　顧問税理士の立場からすると，会社の会計情報に問題がある場合は自分の責任ではないと考えているため，税務申告業務の範囲内においては海外法人との所得配分が適正であるか否かというところまで考えが及ばないケースがほとんどだと思われます。

　一方で，企業の税務担当者は，顧問税理士が見ているのだから問題があれば指摘をしてくれるだろうと考えてしまうケースが多いように思われますが，現実には上記のとおり顧問税理士が会社の会計情報が適正であることを前提としているうえ，移転価格税制に精通している税理士自体が非常に少ないというのが実情です。このように，移転価格の問題は，企業の税務担当者と顧問税理士との間で，お互いに相手側で適正に行っているだろうという思い込みがあるため，誰も課税リスクに気づかないという状況が生まれやすいものと考えられま

す。

　これからは，申告業務を担当する顧問税理士も中堅企業の税務担当者も，まずは移転価格税制の概要を理解し，自社にも課税リスクがあるのだということを認識するところから始めることが重要であると考えられます。

(2) 「配当で利益を回収している」という誤認

　移転価格税制がグループ内の所得配分の問題を扱う税制だと認識されている税務担当者の方から「移転価格については，わが社は海外子会社から配当で十分な利益の回収を行っています」という声をお聞きすることもありますが，これは全くの誤認です。

　移転価格税制は，最終的な目的としては国際間の所得配分を適正化することではありますが，あくまで海外子会社との各取引における価格を税制に即して設定することが求められます。すなわち，原則として取引ごとに適正な価格設定を行わなければなりません。配当は出資に対する利益処分であり，事業上の取引における対価の受取りとは全く別のものですので，配当で利益の回収を行っていたとしても取引価格の設定に問題があれば当然課税対象となり，税務調査においては何の抗弁にもなりません。

　特に近年では配当の益金不算入制度が導入され，海外子会社から配当を回収

図表1-11 移転価格は取引に係る対価の問題であり，利益処分に係る配当とは別問題

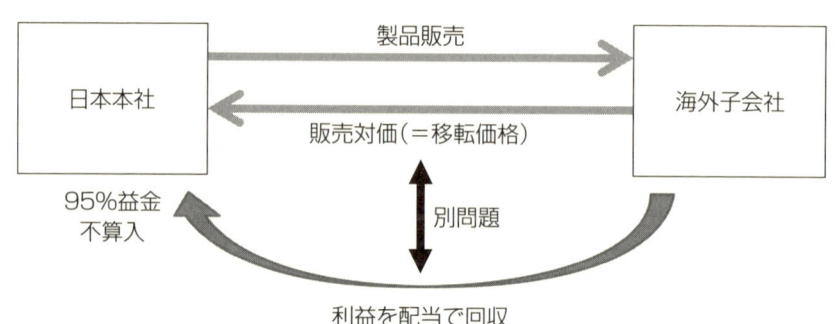

しても日本で納税されないため、税務当局としては事業取引の中で対価回収をせずに配当金で回収する行為に対して特に目を光らせているので注意が必要です。

（3） 海外に所得が移転されてしまう仕組み

通常、独立の企業間における取引価格は交渉により決まりますが、グループ間での取引価格の設定は、親会社と子会社との間で自由に決めることができます。そのため、取引価格の操作を利用した海外への利益の移転や、知らない間に利益配分の歪みが生じ得ます。

例えば、日本本社が50円で仕入れた製品を海外子会社に70円で販売し、海外子会社がそれを150円で販売すると、日本本社の利益は70－50＝20円、海外子会社の利益は150－70＝80円となります。

一方、海外子会社への販売価格が110であったとすると、日本本社の利益は110－50＝60円、海外子会社の利益は150－110＝40円となります。

図表1-12の取引で、例えば会社側が取引Aの価格設定で取引を行っていたところ、数年後の税務調査において移転価格税制に即して取引価格を算定した結果、取引Bの価格設定（移転価格は70でなく110）が適正であると判断され

図表1-12 取引価格による比較

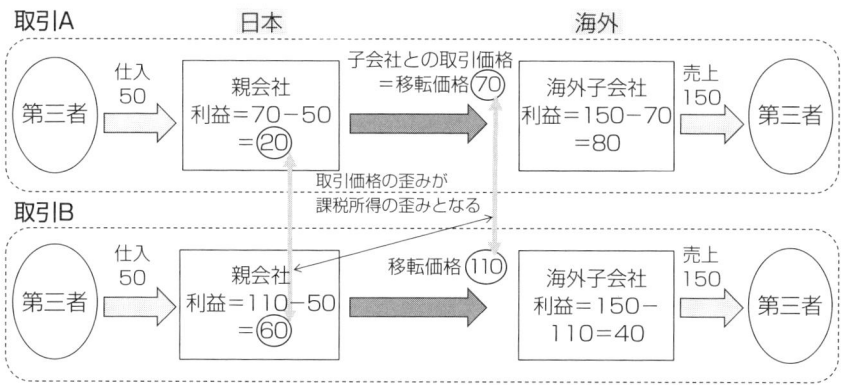

たとします。そうすると，会社はもともと20の利益をもとに日本で法人税を納めていたわけですが，適正な利益60との差額の40については，日本側で申告所得の漏れとなります。このように移転価格税制では，取引価格の歪みを通じて日本側で不足となっている所得について追徴課税が行われることとなります。

ここで，海外子会社側を見てみると，過去の取引Aでの移転価格設定により80の利益で納税をしていたわけですが，日本当局による算定結果に従えば，取引Bのとおり40の利益で納税すべきであったということになります。すなわち，海外子会社側では40の利益に係る税金を納めすぎていたこととなります。

しかし，課税を受けた側の国の取引相手側の国で，納めすぎた税金について還付を受けることは困難です（還付を受ける方法の詳細は後述）。このため，追徴課税された40については，日本本社側と海外子会社側で1つの所得に対し二重で納税する形となり，いわゆる二重課税状態となります。

同様に，日本の親会社が海外子会社の経理業務を代行しているにもかかわらず，対価の回収がなされていない場合があります。このような役務提供においても親会社側では，その役務提供にあたって人件費や家賃などの費用がかかっていることから，対価を回収しなければ損失を被ることとなってしまいます。通常，経理の代行業者に対して業務委託料を支払うように，グループ間での役

図表1-13　実際の取引価格とあるべき取引価格の違い①

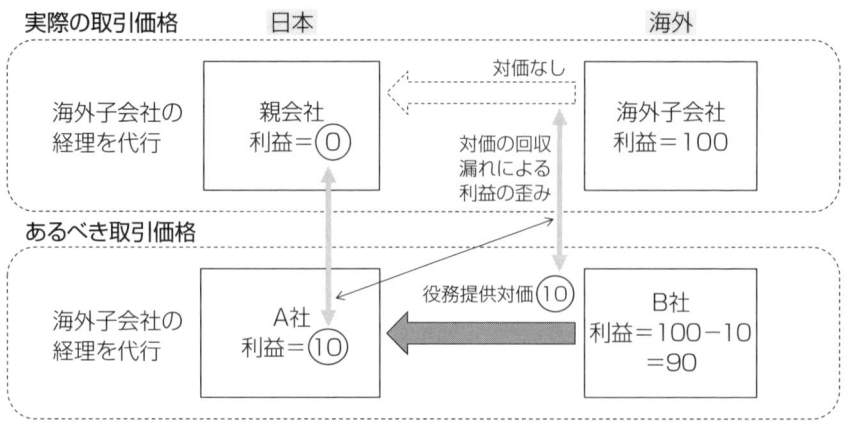

務提供取引についても適正な対価が支払われなければ，役務を提供した側で収益の計上漏れとなります。このようにグループ内役務提供について対価を取っていない状況で税務調査が入った場合，移転価格税制に即して役務提供対価を計算し，当該金額分の法人税が追徴課税されることとなります。

また，ロイヤルティ取引についても同じことがいえます。海外に製造子会社を設立する場合などでは，通常，本社の有する製造技術を子会社に供与するケースがほとんどです。親会社側で有している特許の使用許諾をすることもあれば，特許化されていない自社独自のノウハウを出張や出向を通じて伝授することもあるでしょう。そのような場合に，当該技術供与の対価としてロイヤルティが全く取られていない場合や，取っていたとしても料率が低すぎる場合には，その差額分が日本側の申告漏れとなりますので，追徴課税の対象となります。

特に算定根拠もなく売上高の数％程度をロイヤルティとして回収しているケースも多いのですが，企業の考えるロイヤルティ料率と移転価格税制における算定方法に基づいて計算した結果は大きく異なる場合もあり，近年の移転価格課税において，ロイヤルティに関する課税金額は非常に大きくなっているため注意が必要です。

また，金融取引についても同様です。海外子会社に資金の貸付を行っている

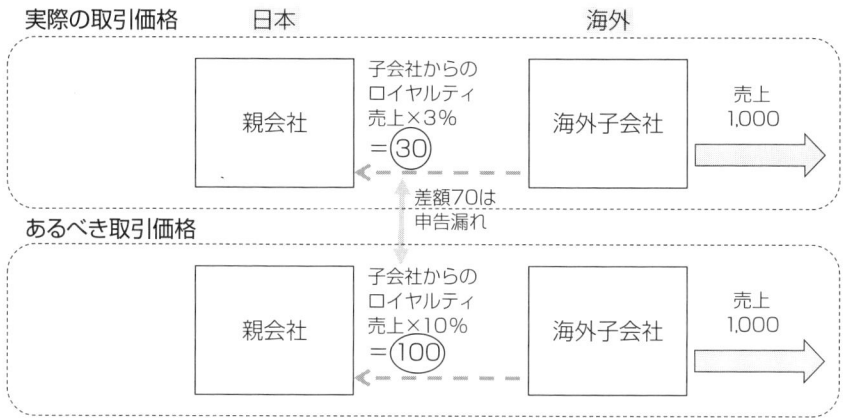

図表1-14　実際の取引価格とあるべき取引価格の違い②

図表 1-15 実際の取引価格とあるべき取引価格の違い③

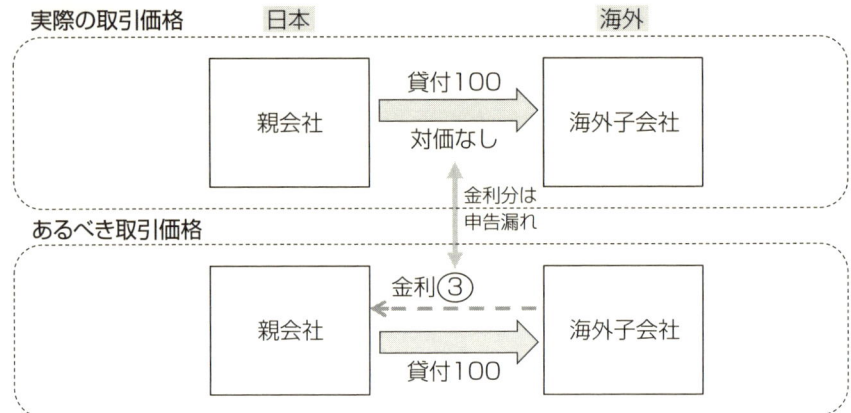

場合に，金利を受け取っていない，または金利が低すぎれば，日本側で収益の計上漏れとなります。近年の移転価格調査では，海外子会社から金利を取っていないケースについての課税も増えていますので，注意が必要です。

③ 移転価格税制の課税対象

(1) 租税特別措置法66条の4の規定

ここで改めて移転価格税制の課税対象について確認します。移転価格税制は，法人税法の中の租税特別措置法66条の4を基礎として定められており，当該規定は以下のとおりです。

■租税特別措置法66条の4（国外関連者との取引に係る課税の特例）

法人が，昭和六十一年四月一日以後に開始する各事業年度において，当該法人に係る国外関連者（外国法人で，当該法人との間にいずれか一方の法人が他方の法人の発行済株式又は出資（当該他方の法人が有する自己の株式又は出資を除く。）の総数又は総額の百分の五十以上の数又は金額の株式又は出資を直接又は間接に保有する関係その他の政令で定める特殊の関係（次項及び第五項において「特殊の関係」という。）のあるものをいう。以下この条において同じ。）との間で資産の販売，資産の購入，役務の提供その他の取引を行った場合に，当該取引

(…) につき，当該法人が当該国外関連者から支払を受ける対価の額が独立企業間価格に満たないとき，又は当該法人が当該国外関連者に支払う対価の額が独立企業間価格を超えるときは，当該法人の当該事業年度の所得に係る同法その他法人税に関する法令の規定の適用については，当該国外関連取引は，独立企業間価格で行われたものとみなす。

上記規定につき，①～③のポイントについて，以下解説します。

① 50％以上の持ち分関係を有する者との取引

まず，移転価格税制は，自由に設定ができるグループ間取引価格の操作や歪みを通じて海外に所得が移転されることを防ぐことを目的とした税制であるため，取引価格が操作可能であるか否かが課税対象の判断基準となります。この点について，日本では，50％以上の出資割合を有する企業を対象としており，

図表1-16　課税対象①：50％以上の出資割合を有する企業

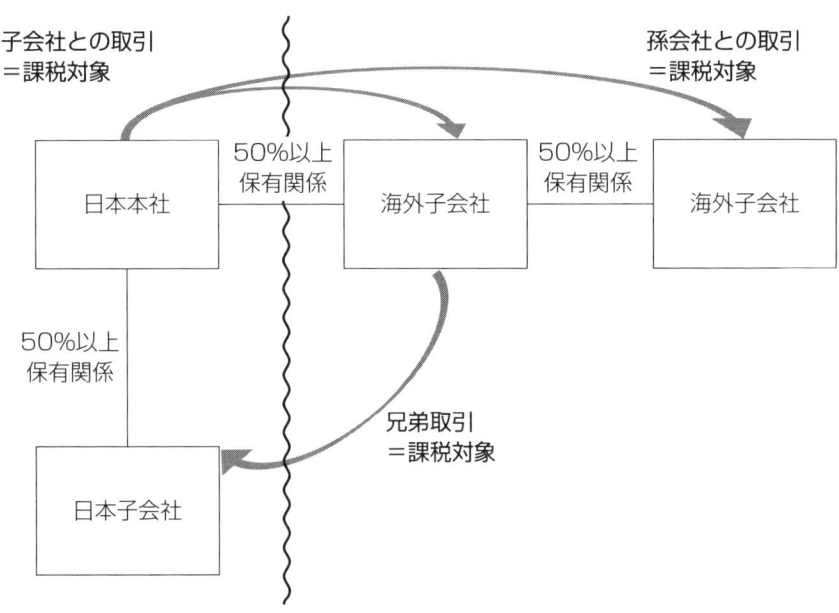

また，この保有方法については「直接又は間接に保有する関係」としていることから，兄弟会社や孫会社との取引も移転価格課税の対象となります。

また，出資比率による判断基準のほか，実質的な支配基準も設けられています。例えば49％以下の出資割合であったとしても，海外子会社の役員の過半数が本社からの出向者である場合や，海外子会社が技術や事業面で完全な依存関係にあるような場合も，実質的に取引価格が操作可能であることから移転価格税制の課税対象となります。

なお，日本の規定では50％以上の出資関係を基準としていますが，中国やインドネシアなどでは25％以上の出資関係があれば課税対象とされています。国によっては出資比率の基準を設けておらず，実質的な支配基準をもとに課税対象を判断する国もあります。

例えば，25％の出資比率の中国やインドネシアの合弁会社との取引については，日本側では移転価格課税の対象となりませんが，現地側では移転価格課税の対象となる場合があるため注意が必要です。このような場合，中国やインドネシアなどの現地側の利益配分が不十分である場合，現地国側で課税を受ける可能性があります。

図表1-17 国によっては25％以上の出資関係でも課税対象になる

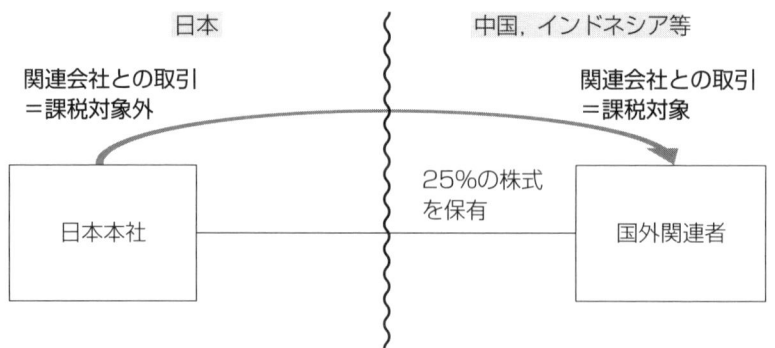

② 資産の販売，資産の購入，役務の提供その他の取引

上記のように，支配関係のある者との取引について，まず，資産の販売＝輸出取引，資産の購入＝輸入取引は課税対象となります。ここでいう資産にはすべての資産が含まれますので，製品取引はもちろん，部品や半製品取引，設備の販売なども対象となります。また，無形資産を譲渡するような場合も，その譲渡対価によって両国の利益配分は変わってきますので，課税対象となります。このように，関連者間でのすべての資産の売買取引は課税対象となります。

また，グループ内での役務の提供として，出張や出向による支援や，本社から子会社に対する経理や人事の代行などの管理サービスの提供についても，その対価の妥当性に関して移転価格課税の対象となります。対価を全く回収していない場合には当然課税対象となりますが，対価を回収していても算定根拠が不明な場合や，対価が高すぎる場合などは海外子会社側の税務調査で損金否認を受けるケースもありますので注意が必要です。

最後に，「その他の取引」としてすべてを包含していますので，融資に係る金利や債務保証に伴う保証料，無形資産の供与に係るロイヤルティや設備の賃貸など，国外関連者との取引があれば，その価格設定から両国の利益の歪みが生じることから，基本的にすべての取引が課税対象となる点に留意が必要です。

③ 独立企業間価格となっていない場合

移転価格課税は，グループ間取引による取引価格の操作や価格設定のズレによる海外への利益移転について追徴課税を行う税制ですが，そもそもの「適正な価格」の基準となるのが「独立企業間価格」です。海外子会社への販売価格が独立企業間価格に満たなければ，その分が売上・収益の計上漏れとなり，逆に仕入・支払の金額が独立企業間価格より高すぎれば，その分費用の過大計上として追徴課税がなされます。

移転価格税制におけるすべての判断基準はこの「独立企業間価格」にあり，グループ間での取引価格を，独立企業間であれば成立したであろう価格で設定しなければなりません。海外では"Arm's Length Price"（近すぎず，腕の長

さほどの距離間のある関係での価格＝独立企業間価格）といい，世界的に共通の基準となっています。

移転価格税制は，国境を越えたグループ間での所得配分を司る税制であり，取引相手国との関係もあることから，国内法のように明確な規定で算定方法を定めることが困難です。ここで，取引価格を独立企業間で成立する価格とすれば，両国にとって公平な利益配分となることから，この「独立企業間価格」というコンセプトをもとに，世界中の利益の配分すなわち移転価格税制は成り立っています。

移転価格税制において定められている移転価格算定方法は，すべてこの独立企業間価格を算定するために設けられており，その算定結果と実際の取引価格との間に差があれば，その分を追徴課税することとなります。

この「独立企業間価格」が，容易かつ明確に算定できれば問題は起きないのですが，取引の内容によって価格はさまざまであることはもちろん，市場の状況や，売手と買手の活動内容によっても，独立企業間において取引価格は変動します。そのため，グループ間取引に係る「独立企業間価格」の解釈には幅があり，算定を行う者によって答えが変わることもあり得ます。税の徴収漏れを防ぐ税務当局と余分な税金を納めたくない納税者，国境を挟んだ国同士の利益の取り合いなど，利害の異なる者の間では意見が食い違うケースも少なくなく，移転価格の問題は，さまざまな関係者との間で生じます。場合によっては，グループ間でも親会社と海外子会社とで利益の取り合いになるケースや，合弁会社との取引価格の問題，社内の営業担当者と経理担当者との意見の食い違いなど，税務当局への対応だけでなくグループ企業内・社内の問題への対処も必要なケースもあります。

移転価格税制への対応は，単純に法令に従った算定を行うだけではなく，さまざまな関係者の利害を調整しながらリスクマネジメントをしていくことにあるともいえます。

(2) 税務署所管法人が海外取引において課税を受ける事例

　税務署所管となる企業においては，海外子会社設立から間もない企業も多いものと思われます。こうした企業では，現地法人の人材も限られる面があり，日本の親会社からの出張・出向により現地法人の支援がなされることが多くなりますが，これら「出張・出向による支援活動に係る人件費・旅費等」が本社負担のままになっているケースでの課税事例が多いように思われます。

　海外子会社への支援にあたっては，その目的が海外子会社への支援にあり，その売上の獲得，利益の計上に紐づくものであれば，海外子会社は経済的な便益を受けているため，当然対価を支払う必要があります。そのような支援に対する対価の回収を本社が行っていなければ，日本の課税所得の海外への流出となります。移転価格税制に従って適正な対価設定・回収を行わなければ，調査における課税の対象となります。特に海外子会社の利益が出ていない期間においては，できるだけ費用を本社負担にしてしまう企業が多いように思われますが，グループ間での取引においても，別法人である以上，両者の受益関係を明確にし，現地法人が受益者となる場合には便益の提供者である日本の親会社に対して相応の対価を支払う（↔日本の親会社が受け取る）必要があります。

　また，出張等による支援のほか，日本の親会社側で管理業務を代行しているようなケースなども，やはり現地法人が経済的な便益を受けているので，相応の対価を回収する必要があります。いずれにしても，基本的に海外子会社とのすべての取引において，移転価格税制に従って適正な対価設定を行っていかなければ課税の対象となる，というリスク認識を持つことが必要です。

(3) 移転価格課税と寄附金課税

　前述のとおり，海外子会社との取引に対する課税というと基本的には移転価格税制が対象となりますが，実際には海外への移転所得が「寄附金」として課税されるケースも多くなっています。これは，例えば役務提供対価の回収漏れの場合，移転価格税制の観点からすると海外子会社への「所得の移転」として課税されますが，同様に役務提供対価の回収漏れの部分を海外子会社に経済的

図表1-18　「寄附行為」とみなして課税される場合

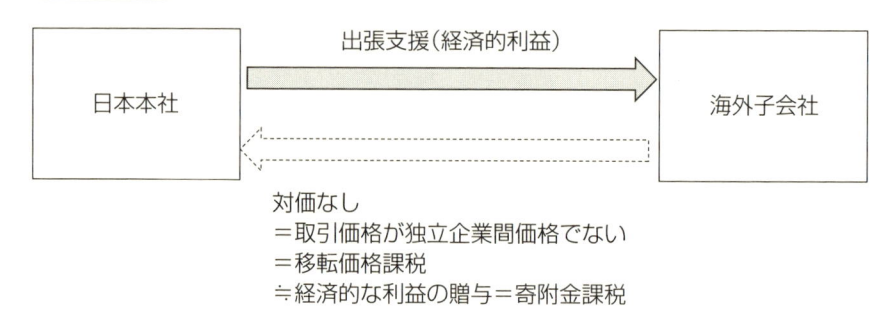

日本本社 —— 出張支援（経済的利益） ——▶ 海外子会社

対価なし
＝取引価格が独立企業間価格でない
＝移転価格課税
≒経済的な利益の贈与＝寄附金課税

利益を供与した「寄附行為」とみなして課税される場合もあるということです。

法人税法における寄附金の規定は以下のように定められています。

> ■法人税法37条（寄附金の損金不算入）
> 　内国法人が各事業年度において支出した寄附金の額（次項の規定の適用を受ける寄附金の額を除く。）の合計額のうち，その内国法人の当該事業年度終了の時の資本金等の額又は当該事業年度の所得の金額を基礎として政令で定めるところにより計算した金額を超える部分の金額は，当該内国法人の各事業年度の所得の金額の計算上，損金の額に算入しない。
>
> 　（中略）
>
> 7　前各項に規定する寄附金の額は，寄附金，拠出金，見舞金その他いずれの名義をもつてするかを問わず，内国法人が金銭その他の資産又は経済的な利益の贈与又は無償の供与（広告宣伝及び見本品の費用その他これらに類する費用並びに交際費，接待費及び福利厚生費とされるべきものを除く。次項において同じ。）をした場合における当該金銭の額若しくは金銭以外の資産のその贈与の時における価額又は当該経済的な利益のその供与の時における価額によるものとする。

また，租税特別措置法および移転価格事務運営要領では，以下のように規定されています。

■租税特別措置法66条の4の3

　法人が各事業年度において支出した寄附金の額（法人税法第三十七条第七項に規定する寄附金の額をいう。以下この項及び次項において同じ。）のうち当該法人に係る国外関連者に対するもの（同法第百四十一条第一号から第三号までに掲げる外国法人に該当する国外関連者に対する寄附金の額で当該国外関連者の各事業年度の所得の金額の計算上益金の額に算入されるものを除く。）は，当該法人の各事業年度の所得の金額の計算上，損金の額に算入しない。この場合において，当該法人に対する同法第三十七条の規定の適用については，同条第一項中「次項」とあるのは，「次項又は租税特別措置法第六十六条の四第三項（国外関連者との取引に係る課税の特例）」とする。

■移転価格事務運営要領（国外関連者に対する寄附金）

2-19　調査において，次に掲げるような事実が認められた場合には，措置法第66条の4第3項の規定の適用があることに留意する。

イ　法人が国外関連者に対して資産の販売，金銭の貸付け，役務の提供その他の取引（以下「資産の販売等」という。）を行い，かつ，当該資産の販売等に係る収益の計上を行っていない場合において，当該資産の販売等が金銭その他の資産又は経済的な利益の贈与又は無償の供与に該当するとき

ロ　法人が国外関連者から資産の販売等に係る対価の支払を受ける場合において，当該法人が当該国外関連者から支払を受けるべき金額のうち当該国外関連者に実質的に資産の贈与又は経済的な利益の無償の供与をしたと認められる金額があるとき

ハ　法人が国外関連者に資産の販売等に係る対価の支払を行う場合において，当該法人が当該国外関連者に支払う金額のうち当該国外関連者に金銭その他の資産又は経済的な利益の贈与又は無償の供与をしたと認められる金額があるとき

　　（注）　法人が国外関連者に対して財政上の支援等を行う目的で国外関連取引に係る取引価格の設定，変更等を行っている場合において，当該支援等に基本通達9-4-2（（子会社等を再建する場合の無利息貸付け等））の相当な理由があるときには，措置法第66条の4第3項の規定の適用がないことに留意する。

まず，課税対象となる「寄附金」は，「金銭その他の資産又は経済的な利益」が該当しますので，直接「金銭」を贈与した場合だけでなく，有形資産を贈与した場合や，サービス提供，製造技術（無形資産）など相手にとって経済的価値のあるものを贈与した場合も含まれます。すなわち「経済的な利益」には，価値のあるものすべてが該当すると考えられますので，寄附金課税も移転価格課税と同様に，基本的に取引されるものすべてが課税の対象となり得ると考えられます。

　また，こうした「経済的な利益」を「贈与又は無償の供与」した金額が寄附金の額となりますので，100円の価値がある資産を40円で販売した場合には，60円の「経済的な利益の贈与」（＝寄附金）となり，これを「無償の供与」をすれば100円の寄附金となります。

　ここで，「経済的な利益の贈与」に係る基準となる金額（上記の例では100円）は，「資産のその贈与の時における価格又は当該経済的な利益のその供与の時における価額」とされています。これは，客観的に評価されるその資産の「時価」であり，移転価格税制でいう「独立企業間価格」とほぼ同じ概念であるため，寄附金額の算定も，移転価格課税金額の算定も，基本的には変わりません。

　特に寄附金課税として処理される場合が多いものとして，親子間で取引に係る契約があるのにその支払を免除しているケースや，海外子会社が赤字の場合に対価を回収しないような「財務支援」のために対価を取らないケース，同様に，海外子会社の資金繰りの「支援」のために海外子会社に対する販売製品の価格を下げる場合などがあります。これらは，「受け取るべきものを免除している＝経済的利益を贈与している」として寄附金課税の対象となる可能性が高くなります。

　このように，移転価格課税と寄附金課税は表裏一体ともいえる関係にあるのですが，移転価格課税の問題は国際間の二重課税に関わるものとして租税条約に基づく相互協議の対象となっているのに対し，寄附金課税は租税回避を防止するために国内法で政策的に設けられた規定であることから，寄附金課税につ

図表1-19 寄附金課税されるケース

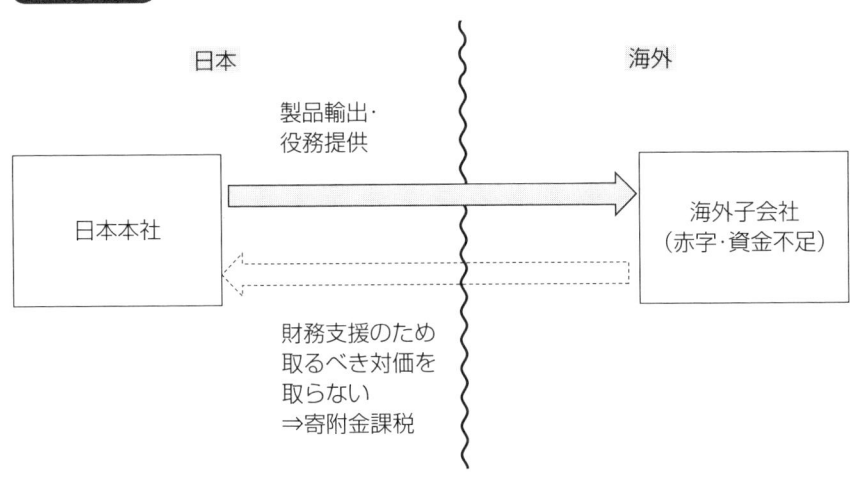

```
        日本                    海外
                 製品輸出・
                 役務提供
  ┌─────────┐  ━━━━━━━▶  ┌─────────────┐
  │ 日本本社 │               │  海外子会社  │
  │          │ ←--------    │ (赤字・資金不足)│
  └─────────┘               └─────────────┘
                 財務支援のため
                 取るべき対価を
                 取らない
                 ⇒寄附金課税
```

いて取引相手国と相互協議を申し立てるのが困難となるという点があります（倉内敏行著「相互協議の対象について―「租税条約に適合しない課税」の解釈に関する一考察」税大論叢を参照）。両者の法学的な違いについての詳述は割愛しますが，要するに移転価格課税との違いとして，寄附金課税の場合，取引相手国との相互協議を申し立てることが困難となり，二重課税を解消することが困難になるという問題があります。実務的には，寄附金課税は移転価格課税に比べて比較的少額のケースが多い傾向にあり，一方で，相互協議の申立てには多額のコスト（数千万円以上）と時間がかかるため，1億円以下程度の課税事案では相互協議の申立ては通常あまり行われないことから，どちらで課税処理されるかは大きな問題とはなりませんが，仮に数億円を超える課税となる場合には，移転価格課税として処理されるか，寄附金課税として処理されるかによって，相互協議申立ての可能性を左右することとなるため注意が必要です。

　いずれにしても，課税を受けないように適正な取引価格を設定することが第一であり，海外子会社との取引価格の設定に関して移転価格税制と寄附金課税の考え方は概ね一致していますので，海外子会社との取引価格を移転価格税制に即して設定していけば，両者の問題は解決に向かうものと思われます。

なお，事務運営要領（国外関連者に対する寄附金）2-19の注書きでは「(注)　法人が国外関連者に対して財政上の支援等を行う目的で国外関連取引に係る取引価格の設定，変更等を行っている場合において，当該支援等に基本通達9-4-2（(子会社等を再建する場合の無利息貸付け等)）の相当な理由があるときには，措置法第66条の4第3項の規定の適用がないことに留意する。」という記載がされており，海外子会社が倒産してしまうような場合，救済をしなければ本社にとっても不利益が生じるため，第三者間であったとしても救済を行うとも考えられることから，寄附金課税の対象から外しています。しかし，この規定が認められるのは，本当に海外子会社が債務超過状態であったり，倒産寸前の状況にあるような限られたケースであり，多くの場合は認められないことから，安易にこの規定を頼りに対価回収を行わないといった判断をしないように注意が必要です。

第2章

税務当局の視点と自社の課税リスクチェック

1 税務当局による移転価格の検証方法

(1) 取引価格を見るのか，利益水準を見るのか

　移転価格税制においては，グループ間取引における価格が独立企業間価格でない場合に課税対象となります。この製品価格の検証にあたっては，大きく分けて直接価格を検証する方法と，間接的に価格を検証する方法とがあります。直接価格を検証する方法とは，文字どおり，グループ間取引の価格と，同じ製品の第三者間取引の価格とを比べて，その妥当性を検証する方法です。

　図表2-1のように，日本本社とB国子会社がA製品の取引を行っている場合，同じA製品を同じB国の第三者に販売していれば，両社の価格が一致しているか否かによりグループ間取引価格が適正かどうかを検証できます。あるいは，日本の第三者が同じA製品をB国第三者に販売している取引の価格情報があれば，それと比較することもできます。いずれにしても，こうした同じ製品

図表2-1　取引価格を直接比較する検証

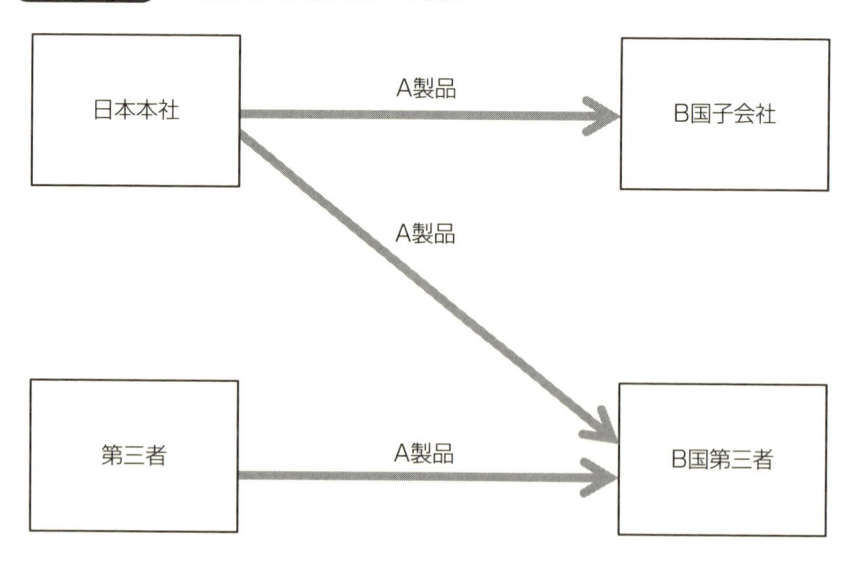

```
┌─────────┐   A製品    ┌─────────┐
│ 日本本社 │──────────▶│ B国子会社 │
└─────────┘            └─────────┘
      \        A製品
       \
        \
         ▼
┌─────────┐   A製品    ┌─────────────┐
│  第三者  │──────────▶│  B国第三者  │
└─────────┘            └─────────────┘
```

の第三者間価格情報があれば，価格を直接比較することで検証することができますが，取引される製品がほぼ全く同じ内容，条件でなければなりません。

　例えば電気製品や部品でも，バージョンや機能のちょっとした違いで価格は大きく変わりますし，販売市場が異なれば最終売価も変わってくるため，当然卸値も変わってきます。また，少数の製品を試作品として第三者に販売しているようなケースでも，取引量や段階が異なれば価格も当然変わるため，比較可能かどうかについて検討が必要です。

　このように製品の内容や販売市場が異なる場合，そうした差異の価格への影響を適正に調整計算することは困難であるうえ，そもそもそうした第三者間での取引価格が存在しないか，第三者間での取引価格情報を入手することができないことがほとんどです。そのため，移転価格の実務においては，このように製品価格を直接比較する算定方法（独立価格比準法）が用いられるケースは限定的です。

　このように製品価格を直接比較する算定方法が使用できない場合，間接的に取引価格を検証するには，その製品取引から得られる利益水準をもとに，逆算して価格を検証することとなります。

　例えば，日本本社から海外販売子会社に製品を販売し，それを現地の第三者に販売する場合，日本から海外子会社への販売価格（移転価格）を検証するには，その製品を仕入販売した海外子会社の利益水準が適正であるかどうかを，類似の製品を取り扱う独立企業の利益水準と比較する方法がとられます（**図表2-2参照**）。

　通常，独立企業間での製品価格の情報を入手することは困難ですが，独立企業の財務データは開示されているものがあります。ここで使用する財務データは現地の独立企業の情報となるため，税務当局や専門家は世界中の企業の財務データが搭載されたデータベースを用いて，そこから企業情報を入手して検証を行います。

　移転価格税制においては，製品の価格同士を比較する場合，かなり高い類似性が求められますが，利益率をもとにした検証では，取扱製品自体の類似性は

図表2-2　利益水準の比較をもとにした検証（売上総利益率）

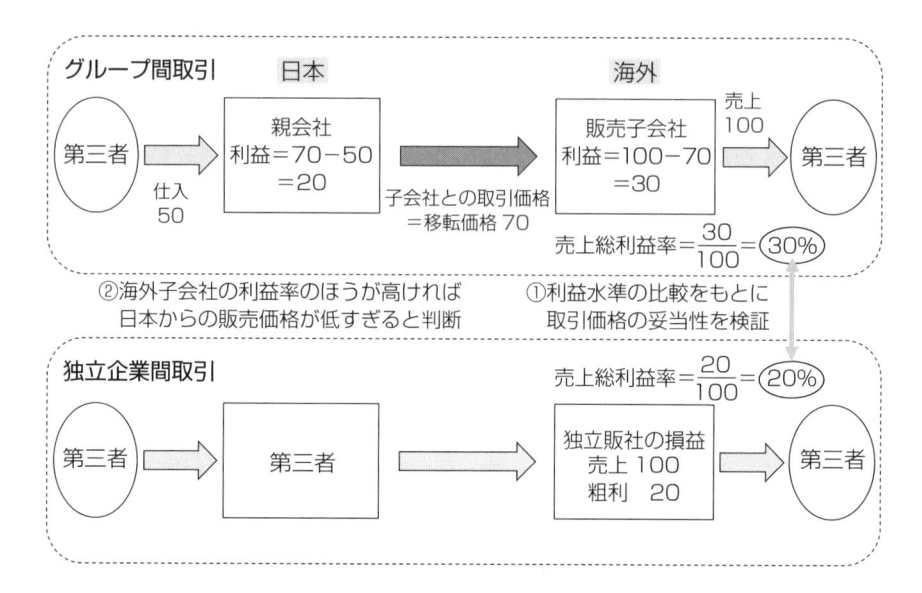

グループ間取引

第三者 → 仕入50 → 日本：親会社　利益＝70−50＝20 → 子会社との取引価格＝移転価格70 → 海外：販売子会社　利益＝100−70＝30 → 売上100　第三者

売上総利益率＝$\frac{30}{100}$＝30%

②海外子会社の利益率のほうが高ければ日本からの販売価格が低すぎると判断

①利益水準の比較をもとに取引価格の妥当性を検証

独立企業間取引

第三者 → 第三者 → 独立販社の損益　売上100　粗利20 → 第三者

売上総利益率＝$\frac{20}{100}$＝20%

ある程度許容されます。これは例えば，文房具の販売業者がボールペンと消しゴムを販売している場合，ボールペンの価格と消しゴムの価格を比較することはできませんが，両者の販売先や販売に係る手間は同じであることから，ボールペンの仕入販売から得られる利益と消しゴムの仕入販売から得られる利益は大きくは変わらないと考えられています。

通常販売業者は，販売活動という機能に対して一定のマージンを取ることが想定されます。商社なども，販売価格の数パーセントを販売手数料として受け取るケースもあるでしょう。しかし，在庫リスクを取るかどうかや，店舗販売をするのか，あるいはWeb販売をするのかなど，販売方法によってかかるコストや販売手数料も変わってきます。そのため，利益水準をもとにした検証では，製品の類似性よりも，果たす活動内容（機能）や負担するリスクの違いが重要視されます。また，販売市場によって得られるマージンも変わってきます。例えば，販売する国や地域によって競争状況が異なりますし，人件費やインフラなどにかかるコストも変わってきます。

図表2-3　利益水準の比較をもとにした検証（原価総利益率）

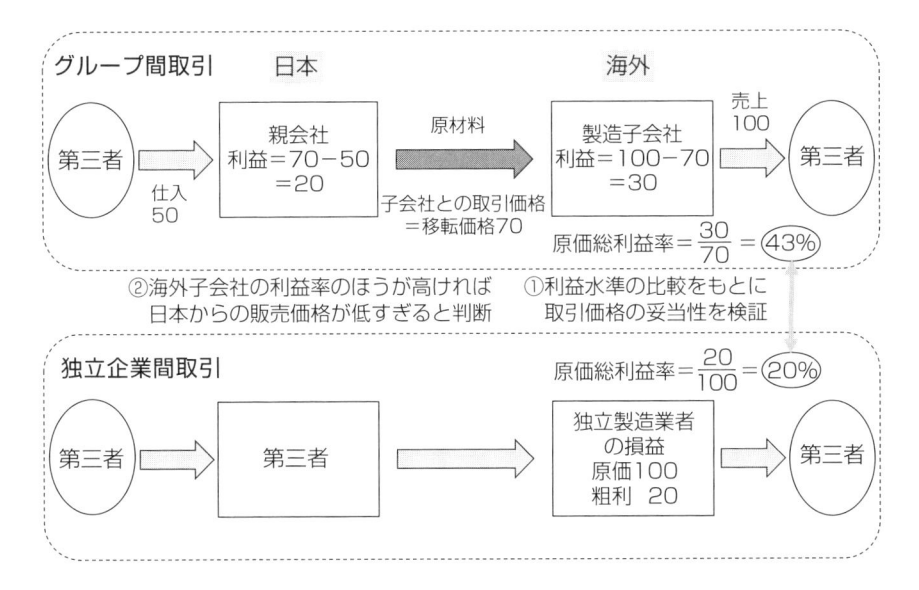

グループ間取引

第三者 → （仕入50）→ 日本：親会社　利益＝70−50＝20 →（原材料／子会社との取引価格＝移転価格70）→ 海外：製造子会社　利益＝100−70＝30 →（売上100）→ 第三者

原価総利益率 ＝ $\frac{30}{70}$ ＝ ㊸%

① 利益水準の比較をもとに取引価格の妥当性を検証
② 海外子会社の利益率のほうが高ければ日本からの販売価格が低すぎると判断

独立企業間取引

第三者 → 第三者 → 独立製造業者の損益　原価100　粗利20 → 第三者

原価総利益率 ＝ $\frac{20}{100}$ ＝ ㉚%

　このように、グループ間で取り扱う製品の第三者間価格情報がなくても、類似の独立企業の利益水準との比較分析を行うことで、その仕入価格が高いのか低いのかを検証することができます。例えば、海外子会社の利益率が、類似の独立企業の利益率よりも高ければ、仕入価格が低すぎる、すなわち日本からの売値が低すぎるため、日本側で売上の計上漏れと判断されることとなります。

　これは製造子会社の場合も同様で、海外子会社が現地で仕入れた原材料から製品を製造して親会社に販売する場合や、親会社から仕入れた材料をもとに製造して第三者に販売する場合など、いずれにしても製造子会社がその取引で得られる利益水準が独立企業と比べて高ければ、日本本社の製品輸入価格が高すぎる、または子会社への材料販売価格が低すぎるということになります。

　したがって、グループ間取引において取引相手となる国のグループ会社の利益水準が高ければ所得移転の可能性があり、移転価格課税の対象になるのです。

図表2-4 利益水準の比較をもとにした検証（輸入取引の場合）

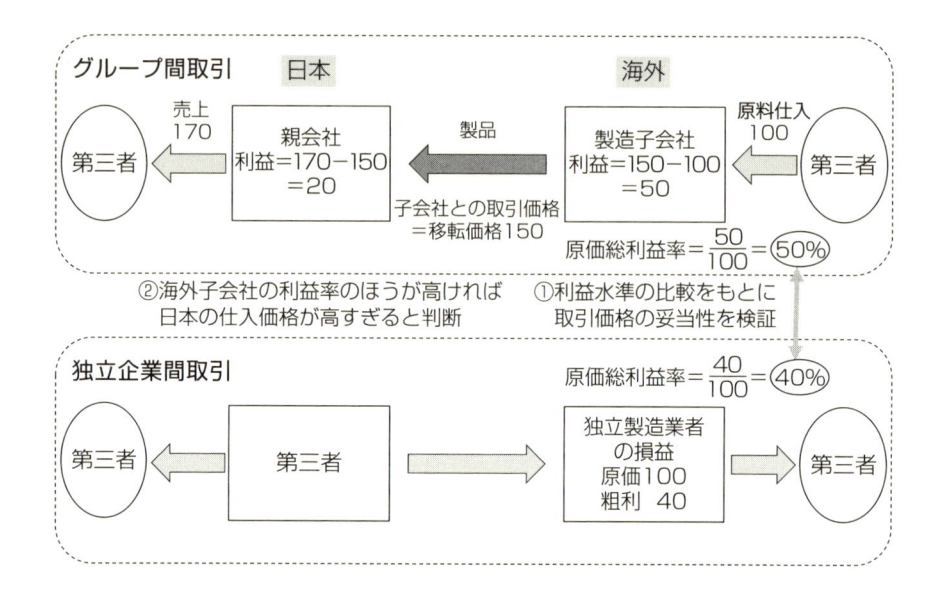

```
グループ間取引　日本　　　　　　　　　　海外
                                                    原料仕入
         売上                      製品              100
         170     親会社  ←──  製造子会社  ←──
第三者 ←──  利益=170-150        利益=150-100           第三者
              =20                 =50
                    子会社との取引価格
                    =移転価格150      原価総利益率=50/100=(50%)

②海外子会社の利益率のほうが高ければ    ①利益水準の比較をもとに
  日本の仕入価格が高すぎると判断          取引価格の妥当性を検証

独立企業間取引                        原価総利益率=40/100=(40%)

                                        独立製造業者
                                        の損益
第三者 ←──  第三者  ──→              原価100         ──→ 第三者
                                        粗利  40
```

（2） 粗利率で見るか，営業利益率で見るか

　前述のとおり，海外子会社の利益水準をもとに移転価格の妥当性が検証されることとなりますが，「利益水準」といっても，比較分析をするにあたって，売上総利益なのか営業利益なのか，また，売上高営業利益率なのか総費用営業利益率なのか，など分母に何を置くかという論点もあります。

　まず，粗利率か営業利益率かという点については，比較対象となる情報との類似性の程度によることとなります。例えば，販売会社の比較を行う場合，A社は一般的な卸売業者とし，B社は広告宣伝費用を多く使うものの，その分高く販売できているものとします。この場合，B社は高く販売できていることで，A社よりも売上高総利益率は高くなりますが，その分広告宣伝費が多くかかっているため，営業利益段階では相殺されて誤差の影響が少なくなります。

　移転価格税制は，基本的に独立第三者の情報との比較分析を基礎としていますが，実務においては常に最適な比較情報を入手できるとは限りません。海外

図表2-5　活動内容の違いによる影響の大小

	A社		B社
売上高	1000		1000
売上原価	500		400
売上総利益	500		600
売上高総利益率	**50%**	←活動内容の違いによる影響が大きい→	**60%**
広告宣伝費	0		100
その他販売管理費	450		450
営業利益	50		50
売上高営業利益率	**5%**	←活動内容の違いによる影響が小さい→	**5%**

展開企業の多くがオンリーワン製品または他社と差別化した製品を販売していると考えられ、類似性の高い製品を取り扱う独立企業自体が存在しないケースは多々あります。また、類似の製品を取り扱う独立企業の財務データが入手できたとしても、活動内容の詳細まではわからないケースも多く、課税の執行にあたっては、類似性の程度が低い、または活動内容の詳細が不明な比較対象を用いなければならないことが多いのも実情です。こうした取扱製品や活動内容の類似性が不十分な比較対象を用いる場合、粗利率を用いた検証方法では計算結果に大きな誤差が生じる可能性があります。そのため、実務においては、営業利益ベースでの検証が多くなっています。

（3）　利益水準の検証にあたって分母に何を置くのか？

　移転価格税制の実務においては、利益水準の検証にあたって販売会社の検証の場合には売上高を、製造会社の場合には原価（製造原価または総原価）を分母に使うことが一般的になっています。これは利益水準が適正か否かを検証するにあたって、利益の獲得に最も関係性の高いものを分母に持ってくるべきだと考えられるからです。販売会社の場合、売上高に比例して一定のマージンを取るビジネスであることから、利益は売上に比例するものと考えられるため、売上高を分母とします。

　一方で、製造会社の場合、かかった製造コストに利益を乗せて販売価格とす

るため，製造原価や総原価を分母とします。また，大規模な設備を必要とするビジネスにおいては，設備投資の額と利益が比例関係にあるような場合もあるため，そのようなケースでは，営業資産や総資産を分母とすることも考えられます。

営業利益を基準とした比較分析を行う場合，売上高を分母とするか総費用を分母とするかという点については，計算にあまり影響がないため大きな問題ではありませんが，総費用を分母とするか総資産を分母とするかという点では，計算が大きく変わってきます。また，平成25年度の税制改正では，新たにベリー比（＝売上総利益／営業費用）という比率を用いて検証を行うことが公式に認められることとなり，検証の選択肢が増えました。どの指標を用いて検証するかについては，各取引における各社の活動内容や比較対象として選定された会社との類似性などによって変わってくるため留意が必要です（ベリー比の詳細については補章1を参照）。

2 自社の移転価格課税リスクチェック

(1) 移転価格課税リスクチェックリスト

自分の会社の移転価格課税リスクを考えるにあたって，11項目のチェックリストを作成しました。**図表2-6**のチェックリストで，何項目が該当するでしょうか。

各項目について，✓がつけばそれぞれ課税リスクはあると考えられますが，特に✓が3個以上あれば，移転価格課税リスクは高いと考えられます。それぞれの項目について，なぜ課税リスクと関係してくるのか，以下で解説します。

① 資本金が1億円以上である

まず，資本金の額が1億円以上か1億円未満かで，税務調査を行う所轄官庁が国税局か，税務署かが変わってきます。税務当局の組織に関しては「第3章1移転価格調査・課税を行う税務当局の組織」でも詳しく説明しますが，国税

図表2-6　移転価格課税リスクチェックリスト

	チェック項目	Yesであれば✓マーク
①	資本金が1億円以上である	☐
②	海外子会社の売上高が1億円を超えている	☐
③	親会社よりも子会社の利益率のほうが高い	☐
④	海外子会社が営業赤字を計上している	☐
⑤	日本本社が赤字販売をしている	☐
⑥	海外子会社の利益水準が毎期大きく変動する	☐
⑦	製造子会社からロイヤルティを取っていない	☐
⑧	子会社への出張支援について対価を取っていない	☐
⑨	海外子会社への貸付について金利を取っていない	☐
⑩	前回の税務調査で海外子会社の情報をいろいろ聞かれた	☐
⑪	移転価格文書化資料を準備していない	☐
	✓の数の合計	個

局には国際情報課という移転価格の税務調査を行う専門チームがあります。特に，東京国税局および大阪国税局では古くから国際情報課があり，積極的な移転価格調査が行われてきました。また，名古屋国税局でも平成25年7月に国際情報課が設立され，今後移転価格調査が増加すると考えられます。このように，移転価格税務調査の中心的な存在は国税局であるため，国税局管轄の企業に対しては移転価格税務調査が入る可能性は高いものと考えられます。

一方で，第1章①でも説明しましたが，近年は国税局から主要な税務署に移転価格調査を行うことができる人材を異動させているうえ，簡易な事案については税務署の国際税務専門官でも課税処理を行う体制が整ってきていることから，われわれ専門家も税務署所管法人の調査対応を行うケースも増えてきました。税務署所管法人でも，国際税務専門官が調査に入る場合には移転価格の検証も行われる可能性があるため留意が必要です。

② 海外子会社の売上高が１億円を超えている

１億円というのはあくまで参考値ですが，課税リスクの大きさを基準に考えると，例えば海外子会社の売上高が１億円だとすると，親会社との取引に係る利益配分が適正な水準から仮に５％ズレていれば，課税所得金額は５百万円（＝１億円×５％）となります。これが６年間であれば，潜在的な課税リスク金額は３千万円（＝５百万円×６年間）となります。追徴税額は，過少申告加算税10％と延滞税を含めて約50％とすると，１千５百万円近くになる可能性があるものと考えられます。

移転価格課税は取引額にかかわらず行われますが，実際のリスク金額として，海外売上高が１億円を超えれば追徴税額も１千万円を超える可能性が出てくるため，税務当局としても無視できないレベルになってくるものと考えられます。会社としても，１千万円超の潜在的な追徴税額のリスクがあれば，対応をとらざるを得ないものと考えられます。

海外子会社の売上高の多くは日本本社等との取引が占める割合が多いことや，製造子会社の場合，売上高全体に技術ロイヤルティがかかる可能性が高いことを考えると，概ね海外子会社の単体売上高に所得配分のズレとして数パーセント（以下では５％を仮定）を掛けてみれば，１年当たりの移転価格課税リスクの規模感がわかるかと思います。それに６年間を掛け，さらに50％を掛ければ，移転価格調査が入った場合の追徴税額のインパクトがどの程度の大きさなのかがわかるかと思われます（**図表２－７**参照）。

図表２－７　移転価格追徴課税リスク概算値の計算

海外子会社の売上高		所得配分のズレ		課税の時効		追徴税・加算税・延滞税		移転価格追徴課税リスク概算値
	×	5％	×	6年間	×	約50％	=	

あくまで概算ですが，自社の課税リスクが対応をとるべきレベルなのか否かは判断がつくかと思われます。数千万円〜数億円の追徴課税リスクがあるのであれば，企業としては本腰を入れて対応をとるべきものであると考えられます。

③ 親会社よりも子会社の利益率のほうが高い

　移転価格税制は，所得移転の意図とは関係なく執行されますが，所得移転の疑い（所得移転の蓋然性）があるかどうかという点が本格的な調査に入るかどうかのトリガーになる場合もあります。

　例えば，移転価格税制ではグループ間取引を独立企業間としての状態で行うことが求められますが，「独立企業間においては，より多くの活動（機能）を果たし，より多くのリスクを負担した者がより多くの利益を取るべき」という考え方があります。通常，親会社側で研究開発投資がなされ，経営企画や販売戦略の策定など，さまざまな高付加価値機能が果たされます。一方で，海外子会社の多くは親会社で開発された技術をもとに単純に受託製造業者のような製造機能を果たしている場合や，単純な仕入販売などのケースが多く，「海外子会社のほうが親会社よりも利益率が高いというのは所得移転の疑いがあるのではないか？」というように，調査のきっかけとなり得ます。

　通常，税務申告書の添付資料として別表十七(四)という国外関連者との取引に関する損益情報を税務当局に開示しているうえ，公開の財務データなどから親会社単体損益と連結損益での利益水準を比較できるため，連結損益の利益率に比べて単体損益の利益率が低ければ，海外子会社側の利益水準が高いと判断される可能性もあります。特に海外子会社がシンガポールやアジア諸国などの税率の低い国にあれば，会社としても取引相手国に利益配分することで税務コストを削減できるメリットが生じますので，所得移転による租税回避の疑いの目で見られる可能性が出てきます。

　もちろん，実際の移転価格の算定にあたっては，詳細に分析した結果，海外子会社の利益率のほうが高くても適正であるという結論も十分にあり得ます。ただ，調査に入るかどうかのきっかけとしては，両者の配分がどうなっているか，特に海外子会社に多くの利益が配分されていないかどうかという点は，重要な要素になるものと考えられます。

④ 海外子会社が営業赤字を計上している

　海外子会社が継続的に営業赤字を計上している場合，海外現地側で税務調査が入る可能性が高くなります。通常，親会社が意思決定権を持ち，グループでの経営・投資の判断やリスク配分を決定しますが，一方で子会社側は親会社の指示に従って活動を行うこととなります。独立企業間においては，依頼を受けてサービスを提供する受託製造業者や単純な仕入販売を行う商社等は，リスク負担はせず，一定の手数料やマージンをサービスの報酬として受けることが想定されます。移転価格の実務においては，受託サービスを行う海外子会社側が安定した利益を計上すべきという考え方があり，特に中国などでは，中国で単純な活動を行う子会社が赤字を計上する場合には，取引規模にかかわらず移転価格文書化資料の提出義務を課すなど，特に外資系子会社の赤字計上について強硬な姿勢をとっています。他のアジア諸国でも，単純な活動を行う製造子会社や販売会社が多いことから，海外子会社が3年以上続けて赤字を計上しているような場合は，現地で移転価格調査・課税を受ける可能性が高くなります。

　もちろん，赤字の理由が価格設定によるものではなく，やむを得ない理由があれば，海外子会社の赤字計上が適切な場合もありますが，説明をしても海外税務当局が聞き入れてくれないケースもあります。

　いずれにしても，極端な所得配分はどちらかの国で課税リスクを高めることとなると思われますので，注意が必要です。

⑤ 日本本社が赤字販売をしている

　前述のとおり，グループ間取引において，経営・投資の判断や意思決定は本社で行うことが多いものと考えられるため，従属関係にある海外子会社は安定的な利益を計上し，連結利益のうち残りのリスクとリターンは親会社が得るという形が一般的であると思われます。例えば経営戦略上，将来の利益獲得を目的として一時的に低価格販売を行った結果，連結の収益が圧迫される場合などでは，海外子会社側の利益の確保を優先した結果，親会社側が赤字販売となってしまう可能性もあると考えられます。

このように連結の利益水準が低い、または連結で赤字を計上してしまうような状況で、親会社側が赤字販売となってしまうことも移転価格の分析結果として適正であるという結論はありえます。しかし、日本本社が継続的に赤字の状態で、海外子会社は大幅な黒字である場合には、移転価格税制上不適切な取引とみなされる可能性もあります。実際の調査では、その赤字販売の原因となる事実関係を詳細に確認し、どのような利益または損失の配分を行うのかを検討していくこととなりますので、赤字の原因がどこにあるかによって、子会社側が損失を負担すべきという結論もありうるため注意が必要です。
　一般的に赤字販売というのは異常な取引であり、所得移転または海外子会社の支援（寄附行為）を目的としたものである可能性もあるため、仮にそれが適切な価格設定であったとしても調査の引き金になることはあります。
　また、移転価格を専門とする調査官であれば移転価格税制の理論に従った結果、親会社側が赤字を計上することもやむを得ないということの理解も得やすいものと思われますが、移転価格を専門としない一般の調査官はこうした赤字販売＝寄附行為と短絡的に結論づける可能性もあるため、移転価格文書化資料を準備し、取引価格の設定が適切なものであるということを立証できるようにしておくことが重要であると考えられます。

⑥　海外子会社の利益水準が毎期大きく変動する

　移転価格のルールがしっかりと整備されている企業は、子会社のあるべき利益水準を把握したうえで、適正な所得配分となるよう取引価格の修正を行います。そのため、海外子会社の利益水準が安定的に保たれる傾向にありますが、反対に海外子会社の利益水準が大きく変動する場合、移転価格税制に基づいた取引価格の設定ルールが整備されていない可能性があり、また、価格調整による所得操作があるのではないかという疑いが生じ得ます。
　移転価格の整備がなされていない企業に調査に入れば、何らかの課税ができる可能性が高く、調査対象となる可能性も高くなります。

⑦ 製造子会社からロイヤルティを取っていない

　過去においては，日本から部品や半製品を海外子会社に輸送し，海外子会社で組立等を行うケースが多かったものと思われますが，特に近年では現地調達で部品・材料を仕入れ，現地市場に販売するような，いわゆる外－外取引が増えているように思われます。そのような場合，グループ間での取引は，部品や材料といった有形資産の取引は減りますが，製造技術の供与やさまざまなノウハウの提供など，無形資産取引は残ることとなります。

　親子間での取引が有形資産中心の状況においては，技術供与等の対価を取引する部品や製品価格に反映させることで回収することも可能でしたが，外－外取引のように有形資産を介さない場合，技術等の無形資産の提供に対する対価は，ロイヤルティで回収するしかありません。新興国に所在する国外関連者との取引の場合，ロイヤルティの支払が現地で認められにくい等の状況があったとしても，対価の回収が不十分であれば課税の対象となりえますので注意が必要です。

　また，移転価格税制上の無形資産は広く定義されています。一般的に無形資産といえば，特許や有名ブランドなどの商標が思い浮かびますが，移転価格事務運営要領においては「調査において検討すべき無形資産」として，以下のように規定されています。

■移転価格事務運営要領（調査において検討すべき無形資産）
2-11　調査において無形資産が法人又は国外関連者の所得にどの程度寄与しているかを検討するに当たっては，例えば，次に掲げる重要な価値を有し所得の源泉となるものを総合的に勘案することに留意する。
　イ　技術革新を要因として形成される特許権，営業秘密等
　ロ　従業員等が経営，営業，生産，研究開発，販売促進等の企業活動における経験等を通じて形成したノウハウ等
　ハ　生産工程，交渉手順及び開発，販売，資金調達等に係る取引網等
　　なお，法人又は国外関連者の有する無形資産が所得の源泉となっているかどうかの検討に当たり，例えば，国外関連取引の事業と同種の事業を営み，市場，

> 事業規模等が類似する法人のうち，所得の源泉となる無形資産を有しない法人を把握できる場合には，当該法人又は国外関連者の国外関連取引に係る利益率等の水準と当該無形資産を有しない法人の利益率等の水準との比較を行うとともに，当該法人又は国外関連者の無形資産の形成に係る活動，機能等を十分に分析することに留意する。

　まず，移転価格税制において，無形資産は限定列挙するのではなく，「重要な価値を有し所得の源泉となるもの」の例示としてイ，ロ，ハをあげており，それぞれ「等」で括っていることから，「重要な価値を有し所得の源泉となる」無形資産の供与がなされていれば，イ，ロ，ハ以外のものでも，基本的にロイヤルティの回収対象となり得ます。例えば，日本の本社が多くの日系企業の顧客網を形成し，海外子会社の販売先がほぼすべて本社の顧客企業の現地法人であるような場合，海外子会社にとって親会社の顧客網は，「重要な価値を有し所得の源泉となるもの」に該当するものと考えられます。このような場合には，ロイヤルティの回収対象となる可能性があるため留意が必要です。

　こうした移転価格税制における無形資産の考え方と，一般的な企業の無形資産に対するイメージが異なっていることに加え，グループ間でロイヤルティを回収しなければならないという意識も低いことから，無形資産の供与に係るロイヤルティが未回収となっている企業が多いのも実情です。また，技術供与などがある場合，基本的にその技術供与を受けた製造子会社の売上のほとんどは，本社から提供された技術に基づくものであることから，移転価格課税金額の計算において，海外子会社の全売上高にロイヤルティをかける形になれば，大きな金額となり得ます。近年，新聞報道されるような大型の課税事案は，無形資産に関係するものが非常に多くなっています。もし海外子会社があれば，何らかの技術供与を行っているケースが多いため，ロイヤルティを取っていなければ，回収漏れとなっていないかという点が懸念されます。

⑧　子会社への出張支援について対価を取っていない

　近年，税務署による移転価格調査が増える中で，比較的簡易な移転価格課税

がなされるケースが増えています。その代表的なものとして，海外子会社への出張支援について対価を取っていない場合における課税があります。

特に中小・中堅企業においては，グループ間で適切に対価のやり取りをしなければならないという意識が低い傾向にあり，手間もかかることからグループ内での取引について対価設定を全くしていないケースが多いようです。特に日本本社から海外子会社に出張支援する場合，海外子会社の資金が潤沢でないことも多いため，費用は本社負担にしているケースも多いものと思われます。

グループ間取引を独立企業の状態にするという移転価格税制において，価格が高いか低いかという点についてはグレーな面があるため，税務調査においても議論の余地がありますが，価格の妥当性を検証する以前に，そもそも取るべき対価を取っていないというのは，税務調査で指摘を受けても反論の余地がありません。

特に資金のない海外子会社の「支援」という要素が強くなると，寄附金課税として処理される可能性も高くなります。その場合，移転価格の専門官でなくとも課税処理できることから，近年では国際課税の中で，この出張費負担での課税が最も多くなっています。

通常，第三者間においては，何らかのサービスを受ける場合，当然対価を支払います。出張にあたっては，旅費・交通費，滞在費等の直接費のほかに，出張者の人件費（社会保険料や退職年金も含む）と一般管理費がかかっています。これに対して対価を取らない場合，日本本社としては，海外子会社に対して赤字でサービス提供を行っていることとなり，日本での申告所得はその分減少することから，移転価格課税または寄附金課税の対象となります。

1回当たりの出張費は大きな金額とはならなくても，それが6年分積み重なると，数千万円に上るケースも少なくないため，注意が必要です。

⑨ 海外子会社への貸付について金利を取っていない

⑧と同様に，近年の税務署による簡易的な移転価格課税の代表例として，海外子会社への貸付について金利を取っていない場合での課税があります。

国境をまたいだグループ間ローン取引において，金利の回収漏れがあれば，その分日本の申告所得は取り漏れるため，移転価格課税または海外子会社への支援として寄附金課税の対象となります。

移転価格税制上，グループ企業間での金銭貸借に係る金利の設定については，**図表2-8**の優先順位で金利を設定することが求められています。

移転価格税制は，類似の独立企業間取引の実績値との比較分析を基礎としていることから，グループ企業間貸付の場合も同様に，類似の条件（貸付時期・貸付期間・通貨等）で実際に子会社が第三者から借入を行った際の金利情報（実績値）等があれば，それを優先して適用することとなります。しかし，必ずしもこうした貸付条件が類似した取引に係る金利情報を得られるとも限りません。そのような場合には，子会社が第三者（銀行等）から借入を行った場合に付されると考えられる金利を市場金利等から推定して適用することが考えられます。

例えば，銀行が海外子会社に対して貸付を行う場合のスプレッド（銀行が貸付にあたって調達金利に上乗せする利益部分）が0.7％になるということについて現地の銀行から確認が取れていれば，子会社への貸付と同条件の市場調達

図表2-8 グループ間の金利設定

① 貸付に係る時期・貸付期間・通貨等の条件が類似した実際の取引で使用された金利を適用

↓

② 親子間ローンと類似の条件における借手の銀行調達金利を市場金利等の外部情報から推定して適用

↓

③ 親子間ローンと類似の条件における貸手の銀行調達金利を市場金利等の外部情報をもとに推定して適用

↓

④ 親子間ローンと類似の条件で国債等により運用した場合に得られる利率を適用

金利（スワップレート）にスプレッドの0.7％を加算した率を適用することなどが考えられます。

こうした子会社のスプレッド情報が得られなければ，本社側のスプレッド情報をもとに，上記と同じ方法で本社（貸手）が子会社への貸付と同条件の銀行借入を行った場合に付される金利を推定し，それを適用することが考えられます。

また，上記のいずれも適用できない場合，親会社が子会社に貸し付けるのと同様の条件で国債等により運用した場合の金利を適用することが考えられます。

また，グループ間ローン金利のほかに，海外子会社が親会社の保証で現地借入する場合の保証料なども，対価回収がなければ課税対象となります。

いずれにしても，こうした対価が取られていないことについて，調査官は対価回収に対する会社としての意識が薄いものと考えると思われますので，まずはグループ間取引において，適正な対価設定ルールが必要であるということをしっかりと認識し，対応していくことが重要だと考えられます。

⑩　前回の税務調査で海外子会社の情報をいろいろ聞かれた

移転価格の税務調査が近年急増しているとはいえ，本格的な移転価格調査は調査先をある程度事前に選定したうえで行われます。

税務調査においては，一般的な法人税を調査する調査官のほか国際税務専門官もいますが，移転価格調査を専門とした調査官もいます。移転価格を専門とした調査官には人数の限りもあるため，定期的な法人税調査の中で海外子会社への所得移転の疑いのある会社や，移転価格税制に即した価格設定ルールがないとみられる会社の情報を集め，問題がありそうな先について優先的に調査を行うこととなります。

法人税の申告書には別表十七(四)(詳細は後述) という国外関連者間取引に関する情報を記載する付表があるため，そうした情報からも調査先は選定されますが，一般調査で得られる情報はより多いため，一般調査において問題点の指摘を受けている状態であれば，次回の調査までに対応をとらなければ課税さ

れる可能性は高いものと考えられます。

⑪ **移転価格文書化資料を準備していない**

平成22年度税制改正により，税務調査の際に自社の移転価格設定が適正であることを立証する文書の作成が求められるようになりました。税務調査の際には，この移転価格文書化資料を提出する必要がありますが，一般の税務調査において，こうした準備資料の有無を問われ，それがない場合には，移転価格ルールが未整備であると判断される可能性があります。

移転価格文書化資料は，資料自体を準備することも重要ですが，それ以前に，移転価格税制に即した取引価格ルールが整備されていることが重要です。取引価格ルールが整備され，移転価格文書化資料の準備があれば，移転価格課税リスクは大幅に低減されるものと考えられますので，調査・課税を受ける前に準備することが必要です。

３ 国税庁による税務に関するコーポレートガバナンス向上への取り組み

(1) 国税庁が配布する移転価格に関する取組状況確認のためのチェックシート

移転価格の問題はグループ間での利益配分，資金の配分にも関係してくることから，経営陣にとっても重要な問題でもあり，経理部門だけでは解決できない面があります。そのため国税庁としては，グローバル企業の経営陣に対しても移転価格税制への理解と関与を求めており，特定の大企業に対して「移転価格に関する取組状況確認のためのチェックシート」を配り，マネジメントの移転価格への取り組みを促しています。配布されている移転価格チェックシートは**図表２-９**のとおりであり，自社の移転価格の取組状況について確認してみてもよいと思われます。

図表2-9 国税庁の「移転価格に関する取組状況確認のためのチェックシート」

移転価格に関する取組状況確認のためのチェックシート

作成日： 年 月 日
法人名： （部署）
作成者：（役職） （氏名）

> [このチェックシートの目的]
> ○申告制度の下では，移転価格についても企業が自ら独立企業間価格を算定し，これに基づき適正な申告を行うことが求められています。
> ○OECD多国籍企業行動指針（2011年）でも「企業は，税ガバナンス及び税コンプライアンスを，自らの監督及びより広いリスク管理体系の重要要素として扱うべきである。」と明記されているなど，近年，世界的に税務コンプライアンスの向上を推進する流れになっており，税務コンプライアンスについても同様です。
> ○このため，企業と税務当局が協力して，企業の移転価格に関する自発的かつ適正な対応を促進するツールとして，この「移転価格に関する取組状況確認のためのチェックシート」を用意しました。
> ○この「移転価格に関する取組状況確認のためのチェックシート」を活用することにより，企業の移転価格に関する自発的かつ適正な対応や当局とのコミュニケーション作りが進み，企業の移転価格上の税務コンプライアンスの維持・向上や税務リスクの軽減に役立つことを期待しています。

		4	3	2	1
1	移転価格税制についての認識				
(1)	我が国における移転価格税制の概要を知っていますか	□	□	□	□
(2)	関連法人所在国における移転価格税制の概要を知っていますか	□	□	□	□
(3)	税務担当部署に移転価格に関する対応ができるスタッフはいますか	□	□	□	□
(4)	移転価格課税リスクの軽減策として事前確認制度の概要を知っていますか	□	□	□	□
(5)	移転価格税制の適用により生じる二重課税問題の解決策として相互協議等の概要を知っていますか	□	□	□	□

		4	3	2	1
2	トップマネジメントの関与				
(1)	トップマネジメントが移転価格問題への対応に関与・承認していますか	□	□	□	□
(2)	移転価格ポリシーをトップマネジメントが承認していますか	□	□	□	□
(3)	移転価格上の問題が生じた場合，トップマネジメントに報告することになっていますか	□	□	□	□
(4)	移転価格調査の内容についてトップマネジメントは知っていますか	□	□	□	□
(5)	事前確認申出を行っている場合，トップマネジメントはその事実を知っていますか	□	□	□	□
3	国外関連取引の実態・問題点の把握	4	3	2	1
(1)	関連法人に対する出資関係を把握していますか	□	□	□	□
(2)	関連法人の経営状況を把握できる体制になっていますか	□	□	□	□
(3)	関連法人との取引やその内容を把握できる体制になっていますか	□	□	□	□
(4)	関連法人との取引に係る契約関係を把握できる体制になっていますか	□	□	□	□
(5)	国外関連取引に係る関連法人の機能やリスクを把握できる体制になっていますか	□	□	□	□
(6)	国外関連取引に係る製品等に関する市場の状況を把握できる体制になっていますか	□	□	□	□
(7)	国外関連取引に係る日本側及び関連法人側の損益を把握できる体制になっていますか	□	□	□	□
4	グローバルな移転価格ポリシーの策定	4	3	2	1
(1)	移転価格に係るグローバルな移転価格ポリシーを策定していますか	□	□	□	□
(2)	移転価格ポリシーを策定している場合，適時に見直しを行っていますか	□	□	□	□

(3) 移転価格の検討を事業部や関連法人に任せ切りにすることなく，税務担当が検討できる体制になっていますか	☐	☐	☐	☐

5 移転価格算定手法を念頭に置いた取引価格設定方法	4	3	2	1
(1) 取引価格が独立企業間価格であるかどうかの検討を行う体制になっていますか	☐	☐	☐	☐
(2) 各算定手法の適用可能性を検討していますか	☐	☐	☐	☐
(3) 選択した算定手法の適用可能性について適時に見直しを行っていますか	☐	☐	☐	☐

6 海外の関連法人における移転価格対応（親会社のガバナンス）	4	3	2	1
(1) 日常的に関連法人と税務に関するコミュニケーションがとれる体制になっていますか	☐	☐	☐	☐
(2) 関連法人の税務担当スタッフは，移転価格に関する知識を持っていますか	☐	☐	☐	☐
(3) 関連法人による現地税務当局に対する文書化対応に関与していますか	☐	☐	☐	☐
(4) 関連法人に対する現地税務当局による移転価格調査の内容を知っていますか	☐	☐	☐	☐

7 税務当局とのコミュニケーション	4	3	2	1
(1) 我が国の税務当局における移転価格税制に関する相談窓口を知っていましたか	☐	☐	☐	☐
(2) 関連法人所在国の移転価格税制の執行方針，状況等の情報収集に努めていますか	☐	☐	☐	☐
(3) 関連法人所在国における移転価格税制に関する相談窓口を知っていますか	☐	☐	☐	☐
(4) 関連法人は必要な場合に現地当局とのコミュニケーションをとることができますか	☐	☐	☐	☐

③ 国税庁による税務に関するコーポレートガバナンス向上への取り組み　53

【自由記入欄】

【本件に関する問い合せ先】
○○国税局○○部特別国税調査官
電話××-××××-××××(代表)

　このチェックシートに関して，平成24年度において企業からの回答を集計した結果は**図表2-10**のとおりです。回答企業は大企業が中心であるため，移転価格への取り組みも以前に比べて進んできているものと思われますが，まだまだ未整備の会社もあり，特に中小・中堅企業でこのチェックシートの回答を集計したとすれば移転価格への対応の不備，マネジメントの関与割合の低さが表れる結果となるのではないかと予想されます。

（2）　税務に関するコーポレートガバナンスの充実と調査間隔の延長

　税務当局は，わが国全体の申告水準の維持・向上を図る観点から，図表2-9のようなチェックシートを大規模法人に配布・指導を行うことで，税務に関してマネジメントのコミットメントを求め，コーポレートガバナンスの充実を促しています。

　移転価格の文書化や，マネジメントの税務への関与度合の高さなどから，企業の税務に関するコーポレートガバナンスの状況の評価等を行い，評価の高い法人については調査間隔を延長するケースもあるようです。

　移転価格調査を含め，海外子会社との取引に関する調査は，長期間の対応を求められることから，グローバル企業として事前に税務に関するガバナンスを高め，調査および課税を受けない体制を構築していくことが重要であると考えられます。

54　第2章　税務当局の視点と自社の課税リスクチェック

図表2-10　チェックシートによる平成24年度の回答集計結果

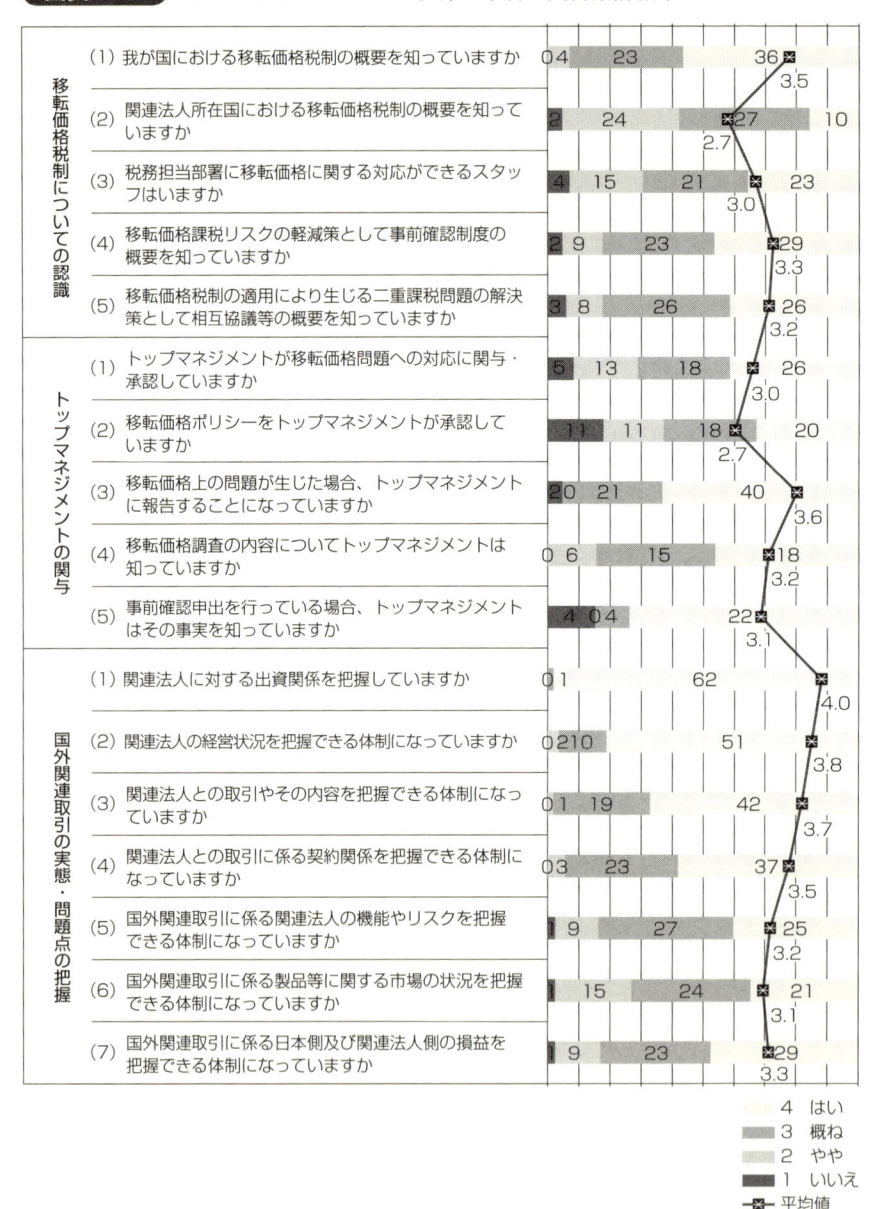

大項目		質問	1 いいえ	2 やや	3 概ね	4 はい	平均値
移転価格税制についての認識	(1)	我が国における移転価格税制の概要を知っていますか	0	4	23	36	3.5
	(2)	関連法人所在国における移転価格税制の概要を知っていますか	2	24	27	10	2.7
	(3)	税務担当部署に移転価格に関する対応ができるスタッフはいますか	4	15	21	23	3.0
	(4)	移転価格課税リスクの軽減策として事前確認制度の概要を知っていますか	2	9	23	29	3.3
	(5)	移転価格税制の適用により生じる二重課税問題の解決策として相互協議等の概要を知っていますか	3	8	26	26	3.2
トップマネジメントの関与	(1)	トップマネジメントが移転価格問題への対応に関与・承認していますか	5	13	18	26	3.0
	(2)	移転価格ポリシーをトップマネジメントが承認していますか	11	11	18	20	2.7
	(3)	移転価格上の問題が生じた場合、トップマネジメントに報告することになっていますか	2	0	21	40	3.6
	(4)	移転価格調査の内容についてトップマネジメントは知っていますか	0	6	15	18	3.2
	(5)	事前確認申出を行っている場合、トップマネジメントはその事実を知っていますか	4	0	4	22	3.1
国外関連取引の実態・問題点の把握	(1)	関連法人に対する出資関係を把握していますか	0	1		62	4.0
	(2)	関連法人の経営状況を把握できる体制になっていますか	0	2	10	51	3.8
	(3)	関連法人との取引やその内容を把握できる体制になっていますか	0	1	19	42	3.7
	(4)	関連法人との取引に係る契約関係を把握できる体制になっていますか	0	3	23	37	3.5
	(5)	国外関連取引に係る関連法人の機能やリスクを把握できる体制になっていますか	1	9	27	25	3.2
	(6)	国外関連取引に係る製品等に関する市場の状況を把握できる体制になっていますか	1	15	24	21	3.1
	(7)	国外関連取引に係る日本側及び関連法人側の損益を把握できる体制になっていますか	1	9	23	29	3.3

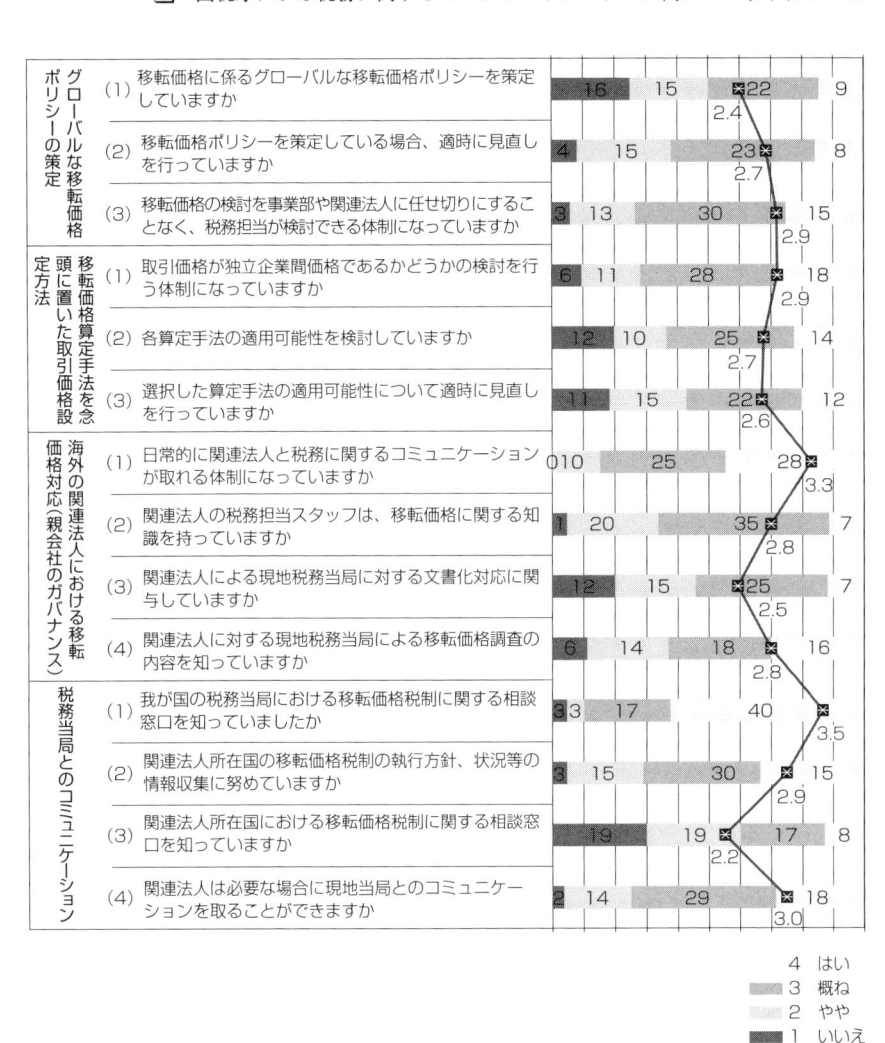

3　国税庁による税務に関するコーポレートガバナンス向上への取り組み　55

分類		質問	いいえ	やや	概ね	はい	平均値
グローバルな移転価格ポリシーの策定	(1)	移転価格に係るグローバルな移転価格ポリシーを策定していますか	16	15	22	9	2.4
	(2)	移転価格ポリシーを策定している場合、適時に見直しを行っていますか	4	15	23	8	2.7
	(3)	移転価格の検討を事業部や関連法人に任せ切りにすることなく、税務担当が検討できる体制になっていますか	3	13	30	15	2.9
移転価格算定手法を念頭に置いた取引価格設定方法	(1)	取引価格が独立企業間価格であるかどうかの検討を行う体制になっていますか	6	11	28	18	2.9
	(2)	各算定手法の適用可能性を検討していますか	12	10	25	14	2.7
	(3)	選択した算定手法の適用可能性について適時に見直しを行っていますか	11	15	22	12	2.6
海外の関連法人における移転価格対応（親会社のガバナンス）	(1)	日常的に関連法人と税務に関するコミュニケーションが取れる体制になっていますか	0	10	25	28	3.3
	(2)	関連法人の税務担当スタッフは、移転価格に関する知識を持っていますか	1	20	35	7	2.8
	(3)	関連法人による現地税務当局に対する文書化対応に関与していますか	12	15	25	7	2.5
	(4)	関連法人に対する現地税務当局による移転価格調査の内容を知っていますか	6	14	18	16	2.8
税務当局とのコミュニケーション	(1)	我が国の税務当局における移転価格税制に関する相談窓口を知っていましたか	3	3	17	40	3.5
	(2)	関連法人所在国の移転価格税制の執行方針、状況等の情報収集に努めていますか	3	15	30	15	2.9
	(3)	関連法人所在国における移転価格税制に関する相談窓口を知っていますか	19	19	17	8	2.2
	(4)	関連法人は必要な場合に現地当局とのコミュニケーションを取ることができますか	2	14	29	18	3.0

4　はい
3　概ね
2　やや
1　いいえ
－×－　平均値

（出所）月刊国際税務2014年1月号別冊「大規模法人の国際課税の課題」を参照。

第3章

税務当局の組織と移転価格税務調査への対応方法

58　第3章　税務当局の組織と移転価格税務調査への対応方法

1　移転価格調査・課税を行う税務当局の組織

(1)　税務当局の組織

　日本の税務当局は，国税庁を頂点として，各地方に国税局，さらにローカルに税務署といったピラミッド組織となっています。

　国税庁は主に税制自体の検討や税務調査の方針等の方向性を決め，実際の税務調査については，資本金1億円以上の大企業に対しては国税局が，1億円未満の中小企業については税務署が所管しています。なお，資本金が1億円未満であっても，売上規模が大きい実質的な大企業については国税局が所管する場合もあります。

図表3-1　税務当局の組織

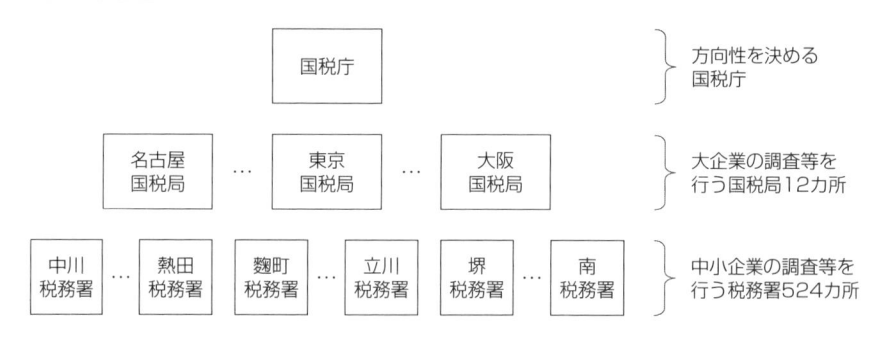

国税庁	方向性を決める国税庁
名古屋国税局 … 東京国税局 … 大阪国税局	大企業の調査等を行う国税局12カ所
中川税務署 … 熱田税務署　麴町税務署　立川税務署　堺税務署 … 南税務署	中小企業の調査等を行う税務署524カ所

　人数比では，5万6千人ほどいる国税職員の中で，国税本庁には760人ほど，国税局には1万1千人ほど，税務署には4万3千人ほどが従事しています（税務大学校　税大講本より平成24年度定員を参照）。

(2)　国税庁の組織

　国税庁の中で，移転価格税制に関連する部署としては，長官官房・国際業務課の相互協議室と，調査査察部の調査課（国際調査管理官）があります。

　相互協議室の主な業務は，移転価格課税が行われた後の二重課税を解消する

図表3-2　国税庁の組織

```
                          国税庁
┌──────────────┬──────────────┬──────────────┐
│   長官官房    │   調査査察部   │    課税部     │
└──────────────┴──────────────┴──────────────┘
```

長官官房

国際業務課
外国税務当局との間で生じる課税問題に対処するため，国際業務課では，租税条約に基づく情報交換の実施，OECD租税委員会，環太平洋税務長官会議（PATA）等の国際会議への参加，外国税務当局への国際協力・知的支援等を担当している。

相互協議室
相互協議室では，国際的二重課税を排除するために外国税務当局との租税条約に基づく協議を担当している。

調査査察部

調査課
原則として資本金１億円以上の法人および外国法人について，国税局調査部が行う法人税および消費税の調査事務の指導および監督を担当している。

国際調査管理官
海外取引調査および移転価格税制の執行体制の充実を図るため，国税庁本庁の調査課に国際調査管理官が設置されている。

課税部
課税部は，内国税の賦課に関する事務の企画・立案，局・署の指導・監督，法令解釈の統一等を行う。

徴収部
徴収部は，国税債権・債務の管理事務や滞納国税の徴収事務を所掌している。

（出所）国税庁のホームページを参照し筆者作成

ための国家間協議や事前確認申請に関する国家間協議を行うことです。納税者から日本または海外での移転価格課税等によって二重課税が生じた場合に相互協議の申立てを受けると，申立てを受けた事案について二重課税を解消するため取引相手国と協議を行います。事前確認申請を受けた場合には，申請内容について国税局の国際情報二課で審査を行った後，申請取引に係る相手国と過去および将来の所得配分に関して相互協議を行います。

　一方，調査課では，国税局が調査対象とする資本金１億円以上の大企業への調査・課税について指導・監督をしています。国税局が移転価格課税を行う前には，国税庁の調査課から確認をとるようになっています。これは，移転価格課税を行う場合，二重課税状態になることから，取引相手国と相互協議を行うことが想定されます。また，課税判断がグレーになるケースも少なくなく，金額的にも大きいことから，課税の適法性をめぐって裁判になるケースもありま

す。そのため，課税後の国家間協議や裁判を見据えて慎重な課税判断を行っています。

なお，中央官庁が移転価格課税を統括するのは日本だけではなく，例えば中国などの場合も，国家税務総局という日本の国税庁にあたる組織が，地方税務当局が行う調査・課税を統括しています。

(3) 国税局の組織

東京国税局や大阪国税局には国際情報課という部署があり，主に移転価格調査を担当しています。これまで移転価格の専門部署を設けているのは東京国税局と大阪国税局だけでしたが，平成25年7月に名古屋国税局は，以前よりあった調査部国際調査課から，移転価格税制の専門チームを国際情報課として分離独立させました。海外進出企業の数では，東京，大阪に次いで名古屋（中部）

図表3-3　東京国税局の機構

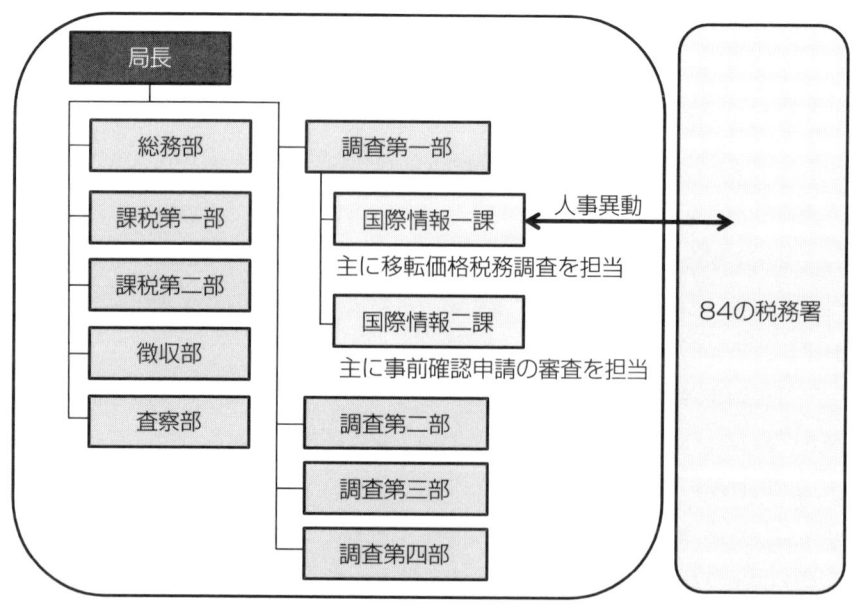

```
局長
├─ 総務部
├─ 課税第一部
├─ 課税第二部
├─ 徴収部
├─ 査察部
├─ 調査第一部
│   ├─ 国際情報一課 ←人事異動→ 84の税務署
│   │   主に移転価格税務調査を担当
│   └─ 国際情報二課
│       主に事前確認申請の審査を担当
├─ 調査第二部
├─ 調査第三部
└─ 調査第四部
```

（出所）国税庁のホームページをもとに筆者作成

が多く，近年では自動車部品製造業者等を中心に海外への生産移管等が増えていることから，名古屋国税局に移転価格専門部署ができたのも当然の対応と考えられます。

なお，これまで移転価格の担当官の所属は，この国際情報課がメインであり，課税対象は国税局が所管する大企業が中心でしたが，近年では国際情報課から各地の主要な税務署に異動しているケースも増え，税務署での移転価格調査が本格化していることがうかがえます。

2 調査対象会社の選定──別表十七(四)の記載内容と，税務当局がそこから何を読み取るか──

(1) 移転価格調査を行う企業の事前選定

移転価格税務調査を行うには，長期間を要する場合も多く，一方で移転価格調査を行うことができる専門官の数も限りがあることから，無作為に調査を行うのではなく，海外への所得移転の可能性が高い企業や，移転価格の整備がなされていない企業を優先的に調査するようになっています。

調査先の選定にあたっては，所得移転の可能性を判断するための主な情報源として，定期的な一般の税務調査において得られた情報と，別表十七(四)から得られる情報があります。

前者については通常，3年から5年に一回程度，定期的に各企業に対して法人税の調査が行われていますが，こうした一般の法人税調査を行う担当官は，移転価格税制についての知識や経験は十分でないケースも多く，広く会社の情報を集める中で，海外子会社への利益移転の可能性や，対価の回収漏れ，移転価格税制への未対応の状況などを調査し，そこから移転価格税制上問題があると判断すれば，その調査または次回の調査で，移転価格の専門官も含めて税務調査を行うことが多いように思われます。

後者については通常，法人税の税務申告書の添付資料として別表十七(四)という付表があり，この別表には国外関連者との取引に関する情報を記載するこ

とが求められますが，ここで開示された情報をもとに，移転価格税制への対応がなされているか，所得配分が異常ではないかなどを参考にし，問題があると判断すれば税務調査に入るケースもあります。

傾向としては，税務署所管法人に対する調査においては，主に定期的な調査によって得られた情報から調査先の選定を行うことが多いようです。一方で，国際情報課（移転価格調査の専門課）を持つ国税局では，別表十七(四)の情報をデータベース化して管理しており，より効率的に課税対象を事前に判定しているようです。

（2） 別表十七(四)とは

移転価格税制の課税対象となる国外関連者との取引について，取引の内容や，海外子会社の利益水準等を税務当局に開示する資料として，法人税申告書の付表である別表十七(四)があります（**図表3-4**参照）。

前述のとおり別表十七(四)の情報は，税務当局が移転価格調査を行うかどうかの判断材料として使用されています。それでは，この別表十七(四)の情報から，移転価格の専門官はどのような情報を読み取るのかについて，以下解説します。

（3） 別表十七(四)の記載内容と税務当局の視点

① 国外関連者の名称等

別表十七(四)の上半分となる「国外関連者の名称等」では，国外関連者がどのような規模で，どのような活動内容なのかを簡便的に判別できるような内容となっています。以下個々の内容について，記載すべき事項と，税務当局がそこから何を読み取るかを解説します。

A）「事業年度又は連結事業年度」

別表を作成する法人の事業年度または連結事業年度を記載します。

② 調査対象会社の選定——別表十七(四)の記載内容と，税務当局がそこから何を読み取るか—— 63

図表3-4　別表十七(四)　国外関連者に関する明細書

国外関連者に関する明細書			事業年度 又は連結 事業年度	・　・ ・　・	法人名	(　　　　　)	別表十七(四)
国外関連者の名称等	名　　　　　称						
	本店又は主たる事務所の所在地						
	主　た　る　事　業						
	従　業　員　の　数						
	資本金の額又は出資金の額						
	特　殊　の　関　係　の　区　分		第　　　該当	第　　　該当	第　　　該当		
	株式等の保有割合	保　　　　有	(内　%) 　　　%	(内　%) 　　　%	(内　%) 　　　%		
		被　保　有	(内　%) 　　　%	(内　%) 　　　%	(内　%) 　　　%		
		同一の者による国外関連者の株式等の保有	(内　%) 　　　%	(内　%) 　　　%	(内　%) 　　　%		
	直近事業年度の営業収益等	事　業　年　度	平　・　・ 平　・　・	平　・　・ 平　・　・	平　・　・ 平　・　・		
		営業収益又は売上高	(　　　百万円)	(　　　百万円)	(　　　百万円)		
		営業費用　原価	(　　　百万円)	(　　　百万円)	(　　　百万円)		
		販売費及び一般管理費	(　　　百万円)	(　　　百万円)	(　　　百万円)		
		営　業　利　益	(　　　百万円)	(　　　百万円)	(　　　百万円)		
		税引前当期利益	(　　　百万円)	(　　　百万円)	(　　　百万円)		
		利　益　剰　余　金	(　　　百万円)	(　　　百万円)	(　　　百万円)		
国外関連者との取引状況等	棚卸資産の売買の対価	受　取	百万円	百万円	百万円		
		支　払					
		算定方法					
	役務提供の対価	受　取	百万円	百万円	百万円		
		支　払					
		算定方法					
	有形固定資産の使用料	受　取	百万円	百万円	百万円		
		支　払					
		算定方法					
	無形固定資産の使用料	受　取	百万円	百万円	百万円		
		支　払					
		算定方法					
	貸付金の利息又は借入金の利息	受　取	百万円	百万円	百万円		
		支　払					
		算定方法					
		受　取	百万円	百万円	百万円		
		支　払					
		算定方法					
		受　取	百万円	百万円	百万円		
		支　払					
		算定方法					
事　前　確　認　の　有　無			有　・　無	有　・　無	有　・　無		

B）「法人名」

別表を作成する法人名を記載します。

C）「名　称」

国外関連者の名称を記載します。

D）「本店又は主たる事務所の所在地」

国外関連者の本店または主たる事務所の所在地を記載します。

　税務当局の視点

　移転価格課税の対象は，所得移転の意図は関係なく，また所得を移転する先が低税率国であっても，税率の高い国であっても関係はありませんが，結果として海外子会社に過剰な所得が帰属していれば課税の対象となります。

　ここで，企業にとっては低税率国に所得を移転させたほうが連結での納税コストは削減できることから，低税率国に所在する国外関連者に対して所得を移転させるインセンティブは強くなる傾向にあります。そのため，シンガポールや香港など，税率の低い国に所在する海外子会社との取引については，当然，税務当局も目を光らせているものと考えられます。特に，税率の高い国に所在する海外子会社に比べて，税率の低い国に所在する子会社の利益水準が高い場合には，所得移転の可能性が疑われるものと考えられます。

E）「主たる事業」

国外関連者の主要事業を記載します。

　税務当局の視点

　税務当局は，これまで数百社に対して移転価格調査を行ってきており，さまざまな業種のさまざまな機能（製造・販売など）の企業の利益水準の検証を行ってきています。

　実際の各子会社との所得配分の検証には詳細な分析が必要となりますが，移転価格の専門家は過去の調査の蓄積から自動車部品の製造業者，医薬品の販売

業者など，おおまかな業種と機能によってどの程度の利益水準が適正であるかの相場観は持っていることから，事業内容に比べて異常な利益水準となっていれば，調査対象として選定される可能性は高くなるものと考えられます。

F）「従業員の数」
国外関連者の従業員数を記載します。

> 税務当局の視点

　従業員の数から，国外関連者の規模感がわかります。また，売上規模との比較から，多数の従業員を抱えて労働集約的な機能を果たしているのか，少人数で多くの売上を計上しているのかなどが読み取れます。
　特に，シンガポールや香港などに従業員数名の海外子会社があり，そこに多額の売上が計上されている場合には，所得移転の可能性が考えられます。シンガポールや香港は，アジア地域の地域統括会社が多く設立される国でもあることから，アジア地域の販売統括会社として商流が集約されるケースはよくみられます。しかしその結果，人員や果たす機能に比べて過剰な利益が配分されていれば，当然移転価格課税の対象となってきます。
　平成25年度税制改正で，移転価格の検証にベリー比の使用が可能となった（ベリー比の詳細については補章①を参照）ことから，従業員数に比して多額の売上が計上されている場合，利益配分が適正か否かは注意が必要と考えられます。

G）「資本金の額又は出資金の額」
国外関連者の資本金の額または出資金の額を，国外関連者の所在地国の通貨により記載します（円換算不要）。

> 税務当局の視点

　資本金の額から，国外関連者の保有資産や事業の規模感を推測することがで

きます。また，売上規模と比べて資本金の額が異常に少ない場合には，売上の付替えなどの可能性も読み取れると考えられます。

H）「特殊の関係の区分」

特殊の関係の区分では，国外関連者の関係を記載します。ここでいう関係には，大きく分けて持株関係（親子および兄弟）および実質的支配関係があります。法人と国外関連者の関係に応じて，下記の1～5の号番号を記載します。

1　親子関係

2つの法人のいずれか一方の法人が，他方の法人の50％以上の株式等を直接または間接に保有する関係を指します。

2　兄弟関係

2つの法人が，同一の者（個人を含む）にそれぞれの50％以上の株式等を直接または間接に保有される場合における2つの法人の関係を指します。

3　実質的支配関係

下記のいずれかに当てはまる場合には，実質的支配関係があるとして，移転価格課税の対象となります。

・会社の代表権または役員の2分の1による支配
・事業活動の相当部分を支配
・借入，保証等による支配

4　持株関係および実質支配関係の連鎖

5　持株関係または実質支配関係のいずれかの組み合わせによる連鎖

4，5については，特殊な形となりますが，移転価格税制の趣旨は，独立企業間としての価格交渉が行われない（価格コントロールが可能な）関連者の間での価格の歪みにより海外に所得が移転されることを防ぐことであり，親会社と孫会社，ひ孫会社との取引や，孫会社同士の取引などであっても，そのような関係にある可能性があることから課税の対象とされています。

② 調査対象会社の選定——別表十七(四)の記載内容と，税務当局がそこから何を読み取るか—— 67

1)「株式等の保有割合」

保有：法人が直接または間接に保有する国外関連者の株式等の保有割合を記載します。

被保有：法人が国外関連者により直接もしくは間接に保有されている株式等の保有割合または法人が同一の者により直接もしくは間接に保有されているその法人の株式等の保有割合を記載します。

同一の者による国外関連者の株式等の保有：同一の者により直接もしくは間接に保有されている国外関連者の株式等の保有割合を記載します。

（注）上記の内書には，法人または同一の者が直接に保有する国外関連者の株式等の保有割合を記載します。

> 税務当局の視点

移転価格課税の対象となる企業は，主に取引価格のコントロールが可能な100％保有の海外子会社が想定されますが，法令上は直接または間接に50％以上の保有割合を持つ者との取引が課税対象とされています。したがって，グループ外の企業と50：50の持分割合で設立した合弁会社の場合なども，移転価格課税の対象となります。

しかし，合弁会社の場合などは，合弁相手との関係上，取引価格のコントロールが不可能であり，実質的に独立企業間と同等の状態である場合も考えられます。

そのような場合には，取引価格の交渉の履歴を確認することで，移転価格課税の対象とするか否かが考慮されることとなります。

■移転価格事務運営要領（調査に当たり配意する事項）
2-2 国外関連取引の検討は，確定申告書及び調査等により収集した資料等を基に行う。

独立企業間価格の算定を行うまでには，個々の取引実態に即した多面的な検討を行うこととし，例えば次の(1)から(3)により，移転価格税制上の問題の有無

について検討し，効果的な調査展開を図る。

（中略）

(3) 国外関連取引に係る対価の額が当該国外関連取引に係る取引条件等の交渉において決定された過程等について，次の点も考慮の上，十分検討する。
　イ　法人及びその国外関連者が国外関連取引に係るそれぞれの事業の業績を適切に評価するために，独立企業原則を考慮して当該国外関連取引に係る対価の額を決定する場合があること。
　ロ　法人又は国外関連者が複数の者の共同出資により設立されたものである場合には，その出資者など国外関連取引の当事者以外の者が当該国外関連取引に係る取引条件等の交渉の当事者となる場合があること。また，当該交渉において独立企業原則を考慮した交渉が行われる場合があること。
　（注）　国外関連取引に係る対価の額が厳しい価格交渉によって決定されたという事実，国外関連取引の当事者以外の者が当該国外関連取引に係る取引条件等の交渉の当事者となっている事実又は国外関連取引に係る契約の当事者に法人及び国外関連者以外の者が含まれているという事実のみでは，当該国外関連取引が非関連者間取引と同様の条件で行われた根拠とはならないことに留意する。

　ここで，合弁会社の場合で，合弁相手と価格交渉等があった場合においても，あくまで「考慮する」ということにとどまっており，課税対象とならないわけではないので注意が必要です。また，交渉の状況を立証するために，メールや議事録等の交渉の履歴を提示できるように具備しておくことが重要です。

J）「直近事業年度の営業収益等（事業年度／営業利益又は売上高／営業費用／営業利益）」

　法人の当期の終了の日以前の同日に，最も近い日に終了する国外関連者の事業年度の営業収益等を記載します。

　国外関連者がその会計帳簿の作成にあたり使用する外国通貨により記載するとともに，円換算した金額をかっこ内に記載します（百万円未満四捨五入）。

② 調査対象会社の選定──別表十七(四)の記載内容と，税務当局がそこから何を読み取るか── 69

税務当局の視点

　移転価格の検証においては，取引される個々の資産の価格自体を直接検証するケースは限定的であり，多くの場合は，海外子会社等の利益水準が高すぎるか否かから，間接的に日本からの販売価格が低すぎないか，または日本の仕入価格が高すぎないかを検証することとなります。原則としては，個々の取引・商流ごとの損益状況から移転価格の検証を行うこととなりますが，簡便的に所得移転の可能性を検証する意味で，海外子会社の単体の損益状況を確認することにより，移転価格課税を行う余地があるのかどうかを判断することができます。

　移転価格の事務運営指針にも以下のように規定されており，本格的な移転価格調査を行うか否かの判断にあたっても，まずは海外子会社の利益水準を見ることで，取引価格の歪みの可能性，移転価格税制が順守されていない可能性を簡便的に判断します。

　また，事業によっては毎期の業績変動が大きい場合もあることから，必ずしも単年度だけの情報で判断するわけではなく，過去3年間の損益の推移およびその平均値を見ることで，所得移転の可能性を判断しています。

■移転価格事務運営要領（調査に当たり配意する事項）
2-2　国外関連取引の検討は，確定申告書及び調査等により収集した資料等を基に行う。
　　独立企業間価格の算定を行うまでには，個々の取引実態に即した多面的な検討を行うこととし，例えば次の(1)から(3)により，移転価格税制上の問題の有無について検討し，効果的な調査展開を図る。
(1)　法人の国外関連取引に係る事業と同種で，規模，取引段階その他の内容がおおむね類似する複数の非関連者間取引（以下「比較対象取引の候補と考えられる取引」という。）に係る利益率等の範囲内に，国外関連取引に係る利益率等があるかどうかを検討する。
(2)　国外関連取引に係る棚卸資産等が一般的に需要の変化，製品のライフサイクル等により価格が相当程度変動することにより，各事業年度又は連結事業年度ごとの情報のみで検討することが適切でないと認められる場合には，当

> 該事業年度又は連結事業年度の前後の合理的な期間における当該国外関連取引又は比較対象取引の候補と考えられる取引の対価の額又は利益率等の平均値等を基礎として検討する。

K）「直近事業年度の営業収益等（税引前当期利益／利益剰余金）」

移転価格税制は取引価格の歪みを検証するものであることから，移転価格の分析にあたっては，損益計算書でいうと主に営業利益より上の部分が重要になってきます。

一方で，何らかの特別な取引を行った場合や，災害等で特別損失が生じている場合などの特殊な状況があるのかどうかは，税引前当期利益に反映されていることがあります。また，取引を終えた後の利益処分をどうしているか，すなわち親会社である日本本社が配当により回収を行っているか否かを判断する材料として，利益剰余金の状況から推察することも可能ではないかと考えられます。

平成21年度税制改正により，外国子会社配当益金不算入制度が導入され，海外子会社からの配当に対しては95％が益金不算入となることから，企業にとっては販売価格やロイヤルティ等で資金を回収するよりも，配当で回収をしたほうが税務メリットがあります。そのため，取引に係る対価を取らずに配当で回収している兆候がないかどうかということも，所得移転の可能性を判断する1つの要素として考えられます。

② 国外関連者との取引状況等

別表十七(四)の下半分の「国外関連者との取引状況等」には，より個別的な取引の情報を記載するようになっています。移転価格税制では取引ごとの損益状況を検証することとなるため，各取引について，親会社または海外子会社がどの程度の利益を計上しているかを把握できれば理想的と考えられますが，親会社か海外子会社のどちらの損益を検証すべきかについては事案によって異なり，また，取引ごとの損益を管理していない会社も多いことから，申告書での

開示においては，取引金額と取引価格の算定方法の記載にとどめています。

　また，各取引について移転価格算定方法に何を用いているかを記載させることで，移転価格税制への対応の有無の判断もできることから，空欄である場合や，不合理な算定方法が記載されている場合には，移転価格調査の可能性も高くなるものと考えられます。

　「受取」：当期において，国外関連者から支払を受ける対価の額の総額を記載します（百万円未満四捨五入）。

　「支払」：当期において，国外関連者に支払う対価の額を記載します（百万円未満四捨五入）。

　「算定方法」：支払を受ける対価の額または支払う対価の額に係る独立企業間価格につき，法人が選定した算定の方法を記載します。

　なお，独立企業間価格の算定に影響を与える特別な事情が生じた場合には，その具体的な内容を別紙に記載し添付することが求められています。特別な事情とは，例えば生産拠点の海外移転，取引形態・流通形態の変更，買収・合併等による事業再編などです。

（注）「受取」および「支払」については，当期の確定申告書の提出時までに，取引金額の実額を計算することが困難な事情にあるときは，合理的な方法により算定した推計値を記載することも可能です。

L）「棚卸資産の売買の対価」

　海外子会社に対する製品，半製品，原材料等の輸出や輸入に係る対価を記載します。

税務当局の視点

　まず，取引金額の大きさから，移転価格課税を行った場合の規模感が概ね判断できます。例えば棚卸資産の売買について，年間1億円の取引があれば，5％取引価格のズレがある場合，年間5百万円の海外への所得漏れの可能性があ

ります。それが移転価格課税の時効である6年分となると、3千万円の潜在的な課税所得（追徴税額では加算税と延滞税を含めて1千5百万円程度）となります。このように、取引金額が1億円程度となれば、1千万円超の追徴税額を徴収できる可能性があることから、移転価格調査を行うか否かの金額的な重要性は判断できるかと思われます。

M）「役務提供の対価」
　海外子会社に対する本社サービスに係る対価や、出張支援に係る対価などを記載します。

　税務当局の視点
　取引金額の大小の判断もありますが、ここに記載があるかないかも重要な要素であると考えられます。近年の移転価格課税では、海外子会社に対する本社サービス（経理や人事の代行等）による対価の回収漏れや、出張支援による対価の回収漏れについての事案が非常に多くなっています。親子間の関係においては、通常、何らかの人的交流があることが多く、本社が海外子会社に対して何らかの役務・サービスを提供している可能性が高いと考えられます。
　一方で、こうした役務・サービスについて対価が取られていない場合、移転価格課税もしくは寄附金課税の対象となる可能性が高いと考えられますので、海外子会社から役務提供の対価の記載がない場合には、調査対象となる可能性が高くなるものと考えられます。

N）「有形固定資産の使用料」
　海外子会社に対する生産設備の賃貸料など、有形資産の使用料（賃貸料）を記載します。

　税務当局の視点
　移転価格税制は、基本的にすべてのグループ間取引を課税対象とすることか

ら，有形・無形資産の売買だけではなく，賃貸料の金額も課税対象となります。

販売か賃貸かといった取引形態自体には問題はありませんが，その対価が適正でない場合には移転価格課税の対象となるため注意が必要です。

O）「無形固定資産の使用料」

海外子会社に対する商標の使用許諾や，技術の供与に係るロイヤルティ金額等を記載します。

税務当局の視点

有名な商標・ブランドを有する企業においては，そのような商標・ブランドの使用許諾に係るロイヤルティを回収する必要がある可能性があります。また，海外の製造子会社では，ほとんどの場合，本社から製造技術の供与がなされており，そうした技術，ノウハウの対価としてロイヤルティを回収すべき場合が多いものと考えられます。

有形資産については，仕入や販売に対して対価を取るべきことはイメージしやすいものの，無形資産の供与に関しては，移転価格税制への意識が高くなければ対価を取り漏らしている可能性が十分にあります。近年の大型の課税事案は，こうしたロイヤルティの取り漏れのケースが多く，特に製造業などで注意が必要です。

P）「貸付金の利息又は借入金の利息」

海外子会社との金銭貸借に係る貸付利息や借入利息の金額を記載します。

税務当局の視点

海外子会社への貸付に係る受取金利が低すぎる場合や，借入に係る支払金利が高すぎる場合には移転価格課税の対象となります。

また，海外子会社の現地での借入の保証を行う場合の保証料なども移転価格課税の対象となります。

移転価格への意識が低い企業の特徴として，グループ間で対価のやり取りをする必要性を感じていないことが多く，グループ間の役務提供や貸付金利が全く取られていないケースも多いように思われます。親子間ローンがある状況でこの金利の記載がない場合には，金利について対価の回収がされていないことが予想され，移転価格調査の可能性が高くなるものと考えられます。

Q）「事前確認の有無」

日本の税務当局から事前確認を取得している場合には「有」に○をつけ，取得していない場合には「無」に○を付けます。

税務当局の視点

日本の税務当局から国外関連取引に関する独立企業間価格の算定方法について事前確認を得ている場合には，その確認を得ている年度に関しては移転価格調査の対象にはなりません。

③　別表十七(四)を記載しない場合

前述のとおり別表十七(四)の情報は，税務当局においてデータベース化されて管理されているため，海外への所得移転・移転価格税制上の問題があるとみなされれば，税務調査の対象企業として選定される可能性が高くなります。逆に考えれば，海外子会社の利益水準が高い場合や，移転価格への対応を行っていない場合には，調査対象とならないよう別表十七(四)を記載しないほうがよいのではないかとの質問を受けることもあります。しかしそれは間違いで，記載しないほうがリスクは高くなります。

多額の海外送金がある場合，その送金情報が銀行から税務当局に報告されることとなりますが，海外子会社への送金があって別表十七(四)の記載がない場合，何らかの情報を隠したい理由があるのではないかという疑いが生じるため，逆に移転価格調査を誘発する可能性が高くなります。税務当局としても，こうした「疑わしい」企業については，集中的に調査対象とする例もあるようなの

で，適正に移転価格税制への対応を行い，適正に別表十七(四)を記載することが，調査・課税リスクを低減する近道であると考えられます。

なお，別表十七(四)の記載に不備がある場合については，調査において指導が行われる旨が移転価格事務運営要領に記載されています。

■移転価格事務運営要領（別表17(4)の添付状況の検討）
2-3 国外関連取引を行う法人が，その確定申告書に「国外関連者に関する明細書」（法人税申告書別表17(4)を添付していない場合又は当該別表の記載内容が十分でない場合には，当該別表の提出を督促し，又はその記載の内容について補正を求めるとともに，当該国外関連取引の内容について一層的確な把握に努める。

3 移転価格税務調査のステップとその対応方法

本節では，移転価格に関する税務調査がどのように開始されるのか，そして課税判断が下されるまで税務当局とのやり取り，ミーティング等の流れについて解説します。また，各ステップについて，納税者としてどのように対応すべきかについても解説します。

(1) 本格調査に入る前の「実態調査」

移転価格の本格的な調査に入った場合，最終的な結論を下すまでには長期間を要することから，本格的な調査に入る前に「実態調査」として簡便的に国外関連者との取引状況や移転価格文書化資料の準備状況を確認し，移転価格税制上問題がありそうか否かの検討が行われる場合があります。毎年5月ごろに実施されることが多く，実態調査の結果，問題がありそうだと判断された場合，本格的な移転価格調査が行われることとなります。

後述するとおり平成25年度の国税通則法の改正で，本格調査を終了するのには明確な判断を下す必要が生じることから，効率的に調査を行うため，今後は

事前に実態調査を行うケースが増えるのではないかと推察されます。

(2) 調査開始の通知

　税務調査を行うことが当局内で決まった場合，電話により納税者とその顧問税理士に通知をします。また，調査を行うことについて，以下の事項を伝えることとされています。

---
① 実地調査を開始する日時
② 調査を行う場所
③ 調査の目的
④ 調査の対象となる税目
⑤ 調査の対象となる期間
⑥ 調査の対象となる帳簿書類その他の物件
⑦ その他調査の適正かつ円滑な実施に必要なものとして政令で定める事項

　なお，調査対象となる法人が違法または不当な行為を行っている可能性が高いと判断される場合には，事前通知を行わずに突然実地調査を行う場合もありますが，国際課税の対象となるような規模の企業であれば，こうした突然の実地調査が行われる例は多くないものと考えられます。

対応方法

　税務調査への対応については，納税者が希望する場合，窓口として顧問税理士等の代理人を通じて行うことも可能です。しかし，移転価格税制の問題について課税を受けてしまった場合，将来的なグループ間での利益配分にも影響してくるため，会社としてしっかりと理解していく必要があります。最終的な判断については会社に委ねられるため，移転価格調査への対応については代理人任せにせず，専門家に依頼する場合にも，会社として積極的に対応していくことが望ましいと考えられます。

（3） 調査を行う日程

調査の日程に関しては，納税者の事業や経理担当者（調査に対応する者）の業務に支障をきたさないよう，一定の考慮はなされるものと思われますが，事業上やむを得ない相当な理由がある場合を除き，日程を長期間延期することは認められない可能性が高いものと考えられます。

なお，移転価格調査がなされる場合，後述する移転価格文書化資料の提出が求められ，遅滞なく提出する必要があります。明確な提出期限はありませんが，概ね30日以内には提出できなければ，文書化資料の具備がないものとみなされるものと考えられます。一方で，移転価格文書化資料の準備には，通常少なくとも3カ月前後の期間を要することから，移転価格調査への事前準備は，遅くとも移転価格調査が入る前には完了している必要があります。

対応方法

会社によっては決算時期や繁忙期などで調査官とのミーティングになかなか時間が割けないケースもあります。しかし，納税者として税務調査に対して協力的に対応しなければ，税務当局としても適正な税の徴収ができなくなるため，場合によっては推定課税といったみなし課税の形で一方的に課税を行わざるを得ない状況と判断される可能性もあります。

したがって，できる限り協力的に対応する必要がありますが，事業上やむを得ない場合には，いつからの調査開始であれば対応が可能かを，正直に調査官に相談してみるべきだと思われます。数カ月先に延ばしてもらうことは難しいと思われますが，延期が必要な理由を説明し，納得のいくものであれば，ある程度は認められるものと思われます。

（4） 移転価格調査のステップ
① 基本的な資料の提出

移転価格の検証にあたっては，国外関連者と取引される製品・役務等の内容や，各国外関連者がどのような活動を行っているかを詳細に確認したうえで課

税判断をしていく必要があることから，まずは事実確認のため，さまざまな資料の提出を求められます。具体的には，以下のような資料の提出が求められます。また，それぞれの資料から読み取れる内容は以下のとおりです。

◆ 国外関連者の損益計算書

　日本の会社と国外関連者との取引の結果，利益配分が異常な状況になっていないかを確認するには，まずは国外関連者の損益計算書を確認します。後述するとおり，移転価格の検証は「取引単位」で行うものであり，国外関連者単体の損益だけを見て課税することは原則としてありません。ただ，効率的に調査を行うには，そもそも移転価格税制上の問題があるのかどうかを簡便的に判断し，所得配分がおかしいと考えられる国外関連者に調査対象を絞る必要があります。例えば，海外子会社が複数ある場合，すべての海外子会社の損益計算書を見たうえで，取引規模が大きく利益水準の異常な子会社をいくつかに絞り，選定された会社を重点的に調査することが考えられます。

◆ 国外関連者の販売管理費の明細

　国外関連者の販売管理費の明細を見ると，開発費や広告宣伝費をどの程度かけているのかなどがわかるため，活動内容が概ね把握できます。また，人件費の割合が大きいのか，減価償却費の割合が大きいのかなどから，労働集約的な事業なのか，設備産業なのかなども推察できます。

◆ 日本本社および国外関連者の組織図

　日本本社および国外関連者の組織図を見ると，各会社がどのような機能を果たしているのかを推察することができます。例えば，製品の開発を本社と子会社のどちらが行っているのかを確認するには，海外子会社の開発部門の有無や，開発部門がある場合，製品開発部門なのか生産技術開発部門なのかにより，どのような開発内容であるのかも概ね推察できます。また，販売子会社と日本本社との関係を見る場合，マーケティング部門の有無や営業の人員を見ることで，

単純な卸売なのか，積極的な顧客開拓を行っているのかが推察できます。

◆ 切り出し損益

　移転価格の検証は，「取引単位」で行うことから，取引別の損益情報の提出が求められます。この「取引単位」をどのような範囲で設定するかについては事案にもよりますが，例えば，海外子会社が日本から製品を仕入販売する取引と，部品・材料を仕入れて現地で製造・加工して販売する取引とでは，前者の場合，海外子会社は卸売としての機能を果たしており，一方で後者の場合，海外子会社は製造業者としての機能を果たしていることから，両者は分けて検証する必要があります。

　移転価格の文書化や事前の対応がなされていれば，こうした取引別の損益を準備しているものと考えられますが，このような取引別損益（切り出し損益）がなければ，調査官からの依頼に応じて作成する必要があります。

　なお，移転価格の検証は，売上総利益または営業利益をベースに行われることが多いことから，切り出し損益も，営業利益までのものを作成する必要があります。通常，多国籍企業であれば，会計ソフトにより売上と仕入原価については取引別に管理されていることも多いことから，売上総利益までの計算はそれほど苦労しないものと考えられますが，営業利益まで算出するには合理的に販売管理費を配賦計算する必要があるため，事前に準備が必要です。特に，事前の作成がなく調査官の依頼に応じて作成してみた結果，特定の商流について利益配分にズレがある場合，その取引だけを抜き出して課税される可能性も高いため，注意が必要です。

◆ 経営会議，役員会議の議事録等

　海外子会社の製造設備の投資に係る意思決定や，海外での販売戦略に係る意思決定がどのように行われているのかを判断するにあたって，こうした経営会議資料の提出が求められることがあります。親会社と子会社との関係において，子会社は親会社の指示に従って事業を行っているのか，または子会社がある程

度主導権を持って事業を行っているのか，また，その結果生じるリスクについてはどちらが負うべきかなどの判断材料として利用されることとなります。

◆ 海外子会社側で作成した移転価格文書化資料

　海外子会社が現地で移転価格文書化資料の準備をしている場合には，その提出が求められることがあります。通常，日本に本社がある場合，本社側で作成して翻訳版を現地で保管しておくなどの対応をしている会社が増えてきているように思われますが，現地が独自に文書化資料を準備している場合もあります。

　このようなケースで注意したいのが，海外子会社側で作成した移転価格文書化資料が日本の調査において不利になる場合もあるということです。移転価格文書化資料は，その年の申告所得が適正であったことを立証するものですが，海外子会社の現地国にとっては，適正と思われる水準よりも多く納税していれば問題ないということになります。そのため，現地で作成された文書化資料が「適正な水準よりも多く現地で納税しています」という内容になっているケースもあり，それが日本の調査の際に提出されると，現地で過剰に納めた税金分については日本側で納めるべきとして課税の引き金になるケースもあります。

　理想としては，グループ間の取引価格をコントロールする本社が移転価格の文書化資料の作成を行い，それを現地語に翻訳する形で現地の文書化規定に対応するほうがよいものと考えられます。

対応方法

　税務当局から求められる資料は原則として提出しなければなりません。税務当局から提出を求められる資料について，納税者が提出をしない場合には，税務当局としても課税の執行に支障をきたすことから，推定課税として秘密情報等に基づく一方的な課税を行うことが制度上認められているため注意が必要です。平成22年度税制改正により調査において提出すべき資料が明確化され，これらの資料の提出ができない場合には推定課税を行うことができるものとされています。

しかし，移転価格調査においては，詳細な事実関係を把握することを目的としていることから，非常に多くの資料の提出を要求されることとなりますが，要求される資料の中には必要性が低いものも含まれます。場合によっては必要性が低いわりに資料の準備に非常に手間がかかるものもあるため，作成や準備に手間のかかる資料については，そこまでして必要な資料であるのかどうかを調査官に確認し，必要性が低ければ提出を免除してもらうことを相談してもよいと思われます。また，パソコン等を押収されデータを見られるような事例も耳にしますが，個人情報や秘密情報が含まれる資料の提出を求められた場合には，事情を説明して資料の提出方法について確認・相談をしたほうがよいものと思われます。

なお，調査における調査官の質問検査権については以下のように規定されており，国外に保存されている資料の提出についても質問検査の対象の範囲内であることに留意が必要です。

> ■国税通則法第7章の2（国税の調査）関係通達（質問検査等の対象となる「帳簿書類その他の物件」の範囲）
> 4-4 法第74条の2から法第74条の6までの各条に規定する「帳簿書類その他の物件」には，国税に関する法令の規定により備付け，記帳又は保存をしなければならないこととされている帳簿書類のほか，各条に規定する国税に関する調査又は法第74条の3に規定する徴収の目的を達成するために必要と認められる帳簿書類その他の物件も含まれることに留意する。
> 　（注）「帳簿書類その他の物件」には，国外において保存するものも含まれることに留意する。

② インタビューの実施

調査官は，前述のような基本的な資料を見たうえで，資料に関する疑問点や，資料ではわからない内容を確認するため，インタビューを行います。インタビューの内容は，主に国外関連者と取引を行う製品や役務の内容説明や，海外子会社がどのような活動を行っているかなどとなります。ある程度は経理部門等

で対応することもできますが，海外子会社の詳細な活動内容については，現地に出向していた責任者や，営業担当者などが対応することも多く，また，開発内容についての説明を求められた場合には，開発部門の人員が対応することもあります。

対応方法

日本での税務調査においては，日本側の利益配分が少なすぎる，または海外子会社への利益配分が多すぎるのではないかという指摘を受ける可能性が高いものと考えられます。その根拠として日本本社の高い技術力が収益に貢献していることや，海外子会社の販売先がほとんど日系企業の現地法人などである場合に，日本の営業活動に基づく顧客網が重要な無形資産となっていることなどの事実関係を確認したいものと考えられます。当然，事実に基づいて説明を行わなければなりませんが，説明の仕方によっては自社の技術力を過度に誇張してしまったり，日本本社の活動内容の重要性を事実よりも大きく説明してしまうと，調査官に誤解を与えてしまう可能性があります。調査官側も，日本側の帰属利益が大きいことを主張するには，そのような証言をとりたいインセンティブもあるため，お互いに事実誤認がないよう注意が必要と考えられます。

③ 工場見学

海外子会社の活動内容を把握するにあたり，製造子会社が日本の工場と同様の製造工程を行っている場合などは，日本の工場を見学することで，海外子会社の工場活動内容の説明を求めることもあります。

工場見学の目的は，海外子会社の活動内容を把握するだけではなく，日本で培われた技術がそのまま海外に持っていかれているのかどうかや，日本の工場と海外子会社の工場との違いを確認することで，日本から海外子会社への技術移転の有無や程度を検討する材料ともなります。特に日本の工場をマザー工場として，設備等のレイアウトや工程の手順がそっくり同じであれば，全面的な技術の供与が明白であると考えられます。反対に，海外子会社の工場が，現地

人員による改良・改善により，日本の工場よりも優れたものになっているような場合には，そうした生産技術の改善に対する利益の帰属も検討しなければならない可能性もあります。

対応方法

②の「インタビューの実施」への対応と同様に，税務当局としては日本本社の収益への貢献度の高さについて，事実関係の確認をしたいインセンティブがあることから，製造工程についても日本の技術力の高さを過度に誇張して誤解を与えないように注意が必要です。また，海外子会社の改良・改善活動などがあれば，その内容も含めて正確に説明し，事実誤認がないようにすることが重要であると考えられます。

④ 中間意見の提示

ある程度事実関係を把握し，それを損益情報と照らしたところで，海外子会社への利益配分について問題があるか否かを中間意見として税務当局の見解が提示されます。問題なしと判断されれば，後述する「調査終了の手続き」のとおり更正または決定（課税）しない理由を明確にしたうえで調査を終えることとなりますが，申告内容や海外子会社との所得配分について問題があると判断された場合には，その問題点について税務当局の見解を口頭により説明され，場合によっては，具体的な課税金額の案が提示されることもあります。ただし，この段階では納税者から反論を行うことができます。

税務当局としては，納税者から説明を受けた内容を前提として課税案を出しますが，税務当局の理解に誤りがある場合もあるため，まずは中間意見として提示をし，事実誤認等があれば，それを聞いたうえで課税判断をしていくこととなります。税務当局が考えていた課税案が事実誤認によるものであれば，課税案の修正または取消しがなされることもあります。税務当局としても，事実誤認のまま課税をしてしまうと違法な課税となってしまう恐れがあるため，まずは課税案を提示し，納税者の理解が得られるよう議論が尽くされます。

自らの取引が正しかったと考える納税者と，税の取り漏れを防ぎたい税務当局との間では，同じ事実関係に対しても解釈が異なる場合もあり，また，移転価格税制の法解釈が異なることもあることから，特に課税金額が大きな事案においては税務当局の主張と，それに対する納税者の反論で議論が長引くケースが多くなっています。

対応方法

税務当局から移転価格の設定に問題があると主張された場合，自社の価格設定ルールが適正であることを反論するには，移転価格税制の理論に基づいて反論書を作成し，提出することが有効であると考えられます。感覚的な主張や，移転価格税制とは関係のない面からの主張では説得力が弱く，認めてもらえる可能性は低いものと考えられますが，具体的な数値に基づく分析を含んだ反論書であれば説得力が強く，税務当局の誤認や法令解釈を覆す材料となり得る可能性が強くなります。

また，納税者の主張が聞き入れられず課税に至ってしまった場合，相互協議や不服申立て等に進むこととなりますが，その際に税務調査でどのような議論がなされたのかという情報も必要になることから，税務当局とのディスカッションはできるだけ議事録に残し，当局の主張に対する反論についても，お互いの理解および備忘記録のため書面で行ったほうがよいものと考えられます。

⑤　修正申告の勧告

税務当局による課税案について議論がなされ，事実誤認もなく，明らかに納税者が移転価格税制に対応していなかったと判断される場合，過去の取引に関して修正申告をすることを勧められます。ここで，納税者として反論の余地がなく，税務当局からの課税案について異論がなければ，修正申告を行い，過去日本側で漏れていた申告所得について修正（または期限後申告）をし，法人税を追加で納付することとなります。

なお，過去の申告漏れを修正する方法としては，修正申告のほか，税務当局

による更正を行うこともできますが，原則として修正申告が勧められます。税務当局としては，納税者と敵対する立場ではなく，納税者の理解を得たうえで適正な申告を行うことを求めていると考えられ，更正により課税を行うことはできる限り避けるべきものと考えられます。ただし，修正申告を行う場合には，納税者が同意のもと自ら修正することを前提としていることから，税務当局に対して不服申立てや租税裁判を行うことができなくなるため，修正申告の内容が本当に適切なものであるのかどうか，慎重に判断する必要があるものと考えられます。

対応方法

実際の調査の現場においては，税務調査への対応には時間を取られるうえ，精神的にも厳しいケースが多いことから，早く調査を終えたいために安易に修正申告に応じてしまうケースもあります。また現実問題として，税務調査においては非違する項目について交渉ごとになるケースもあるため，一定の条件のもと修正申告を受け入れるケースもあります。

しかし，移転価格調査に関しては，移転価格税制に明らかに反しているケースばかりとは限らず，税務当局の見解に誤りや事実誤認があることも少なくないため，納得のいかないまま安易に修正申告に応じず，議論を尽くしたうえで判断を行うことが重要であると考えられます。当局の主張に納得がいかない場合や，相互協議および不服申立てを検討する場合には，修正申告に応じずに更正を受けることも選択肢の1つと考えられます。

⑥ 更正通知

税務当局による課税案について，税務当局と納税者との間で事実関係の解釈や移転価格税制の法令解釈に見解の相違があり，両者の意見が食い違ったまま平行線をたどる場合，納税者が修正申告に応じないとなると，税務当局としては更正を行うこととなります。この場合，更正通知書が出され，納税者はそれに従って追徴税額を納付することとなります。

修正申告をする場合と更正を受ける場合との主な違いは，納税者が税務当局からの課税案に同意するかどうかです。そのため修正申告の場合には，納税者が課税案に納得していることを前提としているので，原則としては後で不服申立てや租税裁判を行うことができなくなります。一方で，更正を受ける場合，納税者は課税案に不服があることを前提としているため，課税を受けた後，不服申立てや租税裁判が行われることもあります。

対応方法

更正通知書には，課税を行う内容と課税金額の計算方法が記載されますので，当該内容について事実誤認や計算方法に誤りがないか，また，不明な点等がないかを確認する必要があります。基本的には更正通知書が出される前の時点で議論は尽くされているはずなので，ここで新たな課税案が出てくることは少ないものと考えられますが，更正を受けた後には相互協議または不服申立て等を行う可能性があることを前提として，不明な点等がないようにしておくことが重要であると思われます。

⑦ 納税の猶予

移転価格課税を受けた場合，速やかに追徴課税の納付を行わなければなりませんが，課税による二重課税を解消するために国家間協議（相互協議）を申し立てる場合には，担保を提供すれば相互協議が合意するまでの間，納期限を延長することができます。

> ■租税特別措置法66条の4の2（国外関連者との取引に係る課税の特例に係る納税の猶予）
> 内国法人が租税条約の規定に基づき国税庁長官に対し当該租税条約に規定する申立てをした場合（…）には，税務署長等（…）は，これらの申立てに係る前条第十七項第一号に掲げる更正決定により納付すべき法人税の額（これらの申立てに係る条約相手国等との間の租税条約に規定する協議の対象となるものに限る。）及び当該法人税の額に係る同法第六十九条に規定する加算税の額として政

> 令で定めるところにより計算した金額を限度として，これらの申立てをした者の申請に基づき，その納期限（同法第三十七条第一項に規定する納期限をいい，当該申請が当該納期限後であるときは当該申請の日とする。）から当該条約相手国等の権限ある当局との間の合意に基づく同法第二十六条の規定による更正があつた日（当該合意がない場合その他の政令で定める場合にあつては，政令で定める日）の翌日から一月を経過する日までの期間（第七項において「納税の猶予期間」という。）に限り，その納税を猶予することができる。ただし，当該申請を行う者につき当該申請の時において当該法人税の額以外の国税の滞納がある場合は，この限りでない。
> 2　税務署長等は，前項の規定による納税の猶予（以下この条において「納税の猶予」という。）をする場合には，その猶予に係る金額に相当する担保を徴さなければならない。ただし，その猶予に係る税額が五十万円以下である場合又は担保を徴することができない特別の事情がある場合は，この限りでない。

　なお，納期限を延長している間については，延滞税は免除されることとなります。

> ■租税特別措置法第66条の4の2（国外関連者との取引に係る課税の特例に係る納税の猶予）
> 7　納税の猶予をした場合には，その猶予をした法人税に係る延滞税のうち納税の猶予期間（…）に対応する部分の金額は，免除する。…

4　国税通則法の改正と調査手続きへの影響および近年の調査現場の傾向

　平成25年度の国税通則法の改正により，税務調査の手続きに変更および明確化がなされました。本節では，改正による移転価格調査への影響と，近年の移転価格課税の傾向に関して解説します。

(1) 一般法人税調査と移転価格調査

　税務調査は数名の調査官がチームとなって行いますが，実地調査を行う調査官がすべての税目に精通しているわけではなく，また，調査の期間も限られることから，特定の税目について調査を行うこととなります。法人税を扱う調査官でも，国内課税の担当と国際課税の担当は異なります。さらに，国際課税の担当には，移転価格を専門とする国際情報専門官と移転価格以外の国際課税を扱う国際税務専門官がいます。これまで移転価格に係る税務調査と一般的な法人税調査では，専門分野が異なるうえ，調査期間についても大きく異なる（移転価格調査のほうが長い）ことから，一般法人税調査と移転価格調査は別々に行われてきましたが，平成25年度税制改正により，平成25年1月1日以後に開始される調査については，原則としてこれらを「一の調査」として，1つの調査の中で包括的に検証されることとなりました。

　ただし，納税者が希望する場合には，移転価格調査と法人税調査を分けて行うことも可能となっています。

> ■国税通則法第7章の2関係通達（一の調査）
> 3-1
> (1) 調査は，納税義務者について税目と課税期間によって特定される納税義務に関してなされるものであるから，別段の定めがある場合を除き，当該納税義務に係る調査を一の調査として法第74条の9から法第74条の11までの各条の規定が適用されることに留意する。
>
> （中略）
>
> (4) 次のイ又はロに掲げる場合において，納税義務者の事前の同意があるときは，納税義務者の負担軽減の観点から，一の納税義務に関してなされる一の調査を複数に区分して，法第74条の9から法第74条の11までの各条の規定を適用することができることに留意する。
> 　イ　同一課税期間の法人税の調査について，移転価格調査とそれ以外の部分の調査に区分する場合。

　この改正の影響としては，これまで一般法人税調査と移転価格調査が別々に

行われていたため，一般法人税調査では移転価格の論点をほとんど検証しないケースが多かったものと考えられます。しかし，改正後の税務調査では，名目上，法人税調査に入ったら，移転価格の調査も行ったものとみなされてしまうことから，移転価格税制上問題があると考えられる企業について，それを無視して調査を終えることは難しくなるものと考えられます。これは，特定の期間について法人税調査を行った際，移転価格について課税しなかった場合には，その年度については「調査済み」となり，後の調査で当該年度について移転価格課税を行うことが難しくなってしまうからです。納税者としては，いったん調査が終われば，その年度については再度調査および課税を受けるリスクが低減されるため，有利な改正ともとれますが，逆に実務においては，これまで一般法人税調査で簡便的に済まされていた（対象とされていなかった）移転価格に関する検証も，より慎重な対応がなされる可能性が高くなったとも考えられます。

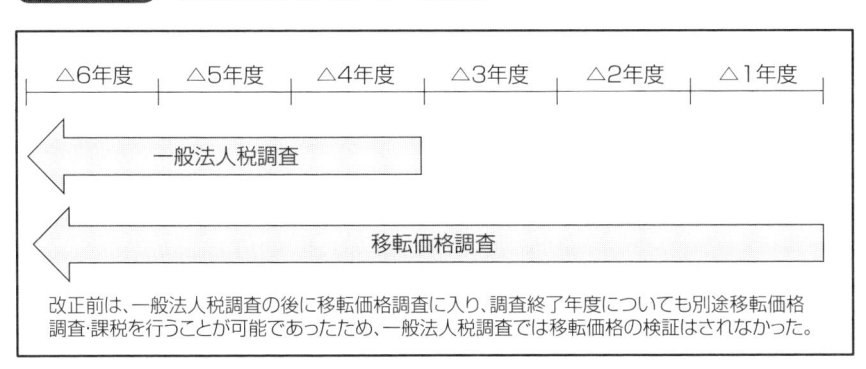

図表3-5　国税通則法改正前の法人税調査

| △6年度 | △5年度 | △4年度 | △3年度 | △2年度 | △1年度 |

←一般法人税調査

←移転価格調査

改正前は，一般法人税調査の後に移転価格調査に入り，調査終了年度についても別途移転価格調査・課税を行うことが可能であったため，一般法人税調査では移転価格の検証はされなかった。

図表3-6　国税通則法改正後の法人税調査

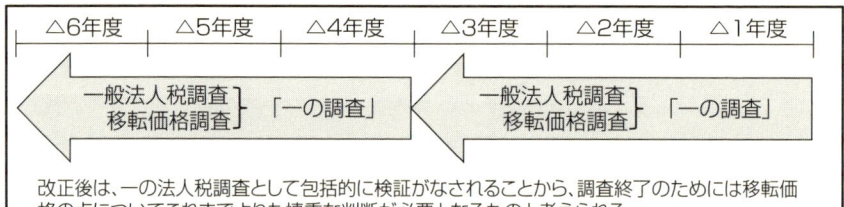

| △6年度 | △5年度 | △4年度 | △3年度 | △2年度 | △1年度 |

←―――一般法人税調査　移転価格調査――――｝「一の調査」　　←―――一般法人税調査　移転価格調査――――｝「一の調査」

改正後は、一の法人税調査として包括的に検証がなされることから、調査終了のためには移転価格の点についてこれまでよりも慎重な判断が必要となるものと考えられる。
⇒これまで一般法人税調査で簡便的に終了していた移転価格の論点も詳細に検証される可能性が高くなったものと考えられる。

対応方法

　一般の法人税調査と移転価格調査が形式上「一の調査」となりましたが，実際には移転価格の専門官の数に限りもあることから，実地の調査に来る調査官のチームの中に移転価格の専門官がいる場合といない場合があるものと考えられます。

　国税局の所管法人であれば，実地調査メンバーの中に「国際情報課」という部署のメンバーがいれば移転価格の専門官だと思われますので，本格的な移転価格調査が行われることになるものと思われます（「国際情報」というのは国税当局の組織の中では基本的に移転価格のことを意味します）。税務署所管法人の場合には，国際税務専門官といった肩書になるため，移転価格の専門官か，その他の国際税務の専門官かはわかりませんが，いずれにしても海外子会社との取引について調査されることとなりますので，やはり移転価格については詳細に聞かれるものと考えられます。こうした移転価格の専門官がいる場合，比較対象取引の選定や移転価格税制に基づく課税金額の算定まで行うことができるため，調査期間も長くなることが想定されます。

　一方で，こうした移転価格の専門官がいない場合においても，海外子会社との取引を見ないわけではなく，例えば海外子会社への出張支援に係る対価の回収漏れや，本社から海外子会社への役務提供に係る対価の回収漏れなど，簡易に算定が可能な移転価格課税については執行が可能と考えられるため注意が必

要です。

まずは調査チームのメンバーを把握し、主にどのような内容を調査されるのかを想定したうえで、スムーズに資料を用意できるよう準備するのがよいと思われます。

（2） 調査の終了の際の手続き

移転価格税制については、絶対的な答えがない事案も多くグレーな税制であることから、これまでは、調査の結果、課税すべきか否か判断がつかないまま課税をせずに調査が終了するケースもありました。しかし平成25年度の国税通則法の改正により、平成25年1月1日以後に新たに開始される税務調査に関しては、調査官が申告内容に誤りなしと判断した場合には、更正または決定をすべきと認められない旨の通知を書面により行うこととされました。

更正または決定をすべきと認められない旨の通知を書面により行うということは、調査を終了した年度については申告が適正であると認めることとなり得るため、虚偽や隠ぺいなどにより後で新たな事実が判明しない限りは次回の調

図表3-7 平成25年度国税通則法改正による書面通知

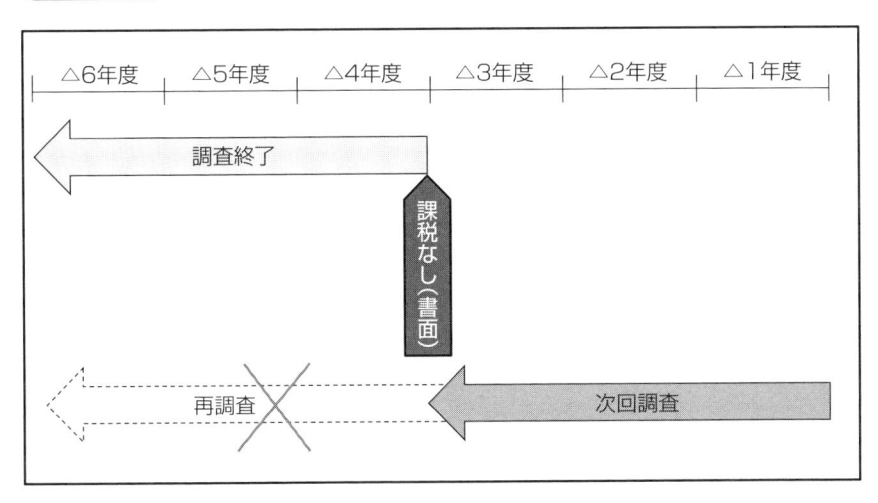

査で調査済年度を再調査することは困難になると考えられます。

　この改正により，これまでのように答えを出さないまま調査を終えることは，難しくなったといわれています。ここで，移転価格文書化資料（第4章③で後述）は，自社グループの移転価格運営が適切であったことを立証するための資料となるので，税務調査の際にこの資料を提出することで納税者が自ら「更正または決定をすべきと認められない」論拠を用意し，税務調査を早期に終了させる糸口になるものと思われます。

（3）　再調査を行うための条件

　前述のとおり，これまでは一般法人税調査を行った後に別途，移転価格調査を行っていたことから，一度法人税調査が行われた期間について再調査されることがありました。そのようなこともあり，これまで国税通則法においては，すでに調査官が調査を行った年度に関して再調査を行うための要件等が定められておらず，税法上の除籍期間である5年（移転価格の場合は6年）が経過するまでは再調査について制限がありませんでした。

　そうしたなか，平成25年度の改正により「新たに得られた情報に照らし非違があると認めるとき」は再調査ができると明記されました。税務調査では，納税者から提供された資料と説明に基づいた前提条件により課税判断を行うこととなりますが，この前提条件に誤りや未報告の事項があれば課税判断も変わってきます。例えば，前回調査では提出されていなかった資料が見つかった場合や，虚偽があった場合などについては，再調査を行うことができるものと考えられます。

　しかし，逆にいえば，税務調査においては事実関係を正確に把握したうえで課税判断を下し，一度下した判断については非違に結びつく新たな事実が得られない限り，調査を終了した年度を再度調査することは困難になったと考えられます。

　したがって，例えば調査のチームに移転価格専門官が含まれていないけれども移転価格税制上の問題がありそうだという情報があった場合，これまでのよ

うに移転価格課税をせずに放置してしまうと次回の調査で課税することができなくなってしまうため，あいまいなまま調査を終えずに本格的な移転価格調査まで発展するケースも増えるのではないかと考えられます。

(4) 税務署所管法人に対する調査の特徴

　大規模法人を対象とする国税局所管法人の移転価格調査においては海外取引の規模も非常に大きいケースが多いため，課税判断を行うにあたっては入念な事実関係の確認と，より慎重な課税判断が必要とされます。このような大規模な海外取引においては，わずかな対価設定のズレが多額の所得移転となることもあるため，所得移転の蓋然性の判断自体にも時間がかかり，調査は長期化するケースが多く，少なくとも半年から2年程かかる場合もあります。

　一方で税務署所管の税務調査においては，税務署の国際税務専門官の数も限られることから，より多くの納税者の適正な納税を促すためには，効率的に調査・課税処理を進めていくことが求められるものと思われます。もちろん，税務署所管法人においても移転価格の整備がなされていない場合，海外子会社との有形資産取引価格の設定や技術供与に係るロイヤルティ料率などが厳しく調査されることにはなりますが，特に上記のような出張支援に係る対価の未回収や本社サービスの対価の未回収など，明らかな経済的な利益の供与とみなされる取引について早期に寄附金として課税処理されるケースが多いように思われます。

　国税局所管の大規模法人においては，ある程度移転価格の整備が進んだ面があり，移転価格課税の内容も，正に「税務当局との見解の相違」による課税の割合が相対的に多いように思われますが，税務署所管法人による課税においては，移転価格の未整備，明らかな対価の未回収の企業に対するものが多いものと思われます。

(5) 寄附金課税を受けやすいケース

　特に中小・中堅企業においては，一般の法人税調査の中で行われる可能性の

高い「寄附金」課税について注意する必要があると思われます。実際の調査で課税されるケースとしては，回収すべき対価を全く回収していないような場合が考えられます。例えば，製造子会社への技術供与に対するロイヤルティを受け取っていない場合や，海外子会社への本社サービスに対する役務提供対価，出張・出向に係る対価等を受け取っていない場合などです。海外子会社に部品や半製品を輸出するような物の取引では対価を回収していないケースは少ないものと思われますが，役務提供の対価や無形資産の供与に係るロイヤルティを回収していないケースは比較的多いように思われます。移転価格税制上の無形資産の定義は非常に広く設定されており，特許や技術だけではなく，海外子会社が高い利益を生むためのノウハウやブランド・商標，さらに，海外子会社の販売先のほとんどが日系企業である場合などはその顧客リストも，ロイヤルティを回収すべき無形資産の範疇になりうるため注意が必要です。

　実務上は，取引量や金額的に大きくない取引について煩雑さを理由に対価設定を怠っているケースや，低税率の新興国に子会社がある場合などに厳密な対価設定を怠っているケースもあるものと考えられます。また，そもそも対価を回収しないことに問題があるということを認識していないケースも多いように思われます。

　このように，何らかの無形資産の供与や役務の提供があるのに，それに対する対価を得ていない場合，利益の供与という性格が強く感じられ「寄附行為」として課税処理されやすいものと考えられます。なお，無形資産の供与や役務提供の対価を，それ以外の取引（棚卸資産の販売等）の中で対価回収していると説明する企業もありますが，原則としては移転価格税制も寄附金課税も取引単位で検証されますので，総合的に対価を回収していると言っても認められない可能性があるので注意が必要です。また，寄附金課税を受けてしまった場合，寄附金課税は国内法上の問題であるということから，租税条約に基づく相互協議を行うことが難しいという問題があり，寄附金課税を受けると移転価格課税に比べて二重課税の解消は困難になるということを認識しておいたほうがよいものと思われます。

(6) 中堅企業にとっての移転価格調査対応

このように移転価格に関する税務調査が行われる場合，多くの資料の提出と，相当数のミーティングによる対応が求められるため，期間としては，半年から長い場合は2年以上に及ぶケースもあります。移転価格調査の特徴としては，大規模法人でも中小・中堅法人でも調査する内容や分析にかかる手間は大きくは変わらないため，中小・中規模法人への調査についても，やはり半年から2年近くの期間がかかってしまうということがあります。

このように長期間で手間のかかる税務調査に対応するために，人材に余裕のある大企業においては，移転価格対応専任の人員を配置することもできますが，特に経理部門の人員の少ない中堅企業においては，日々の経理業務と並行して移転価格調査に対応していくことは困難です。事前の準備を何もしていない場合，調査が進行する期間中に資料の作成や準備をしていかなければならず，十分な対応ができないことも予想されます。特に繁忙期等の場合，税務当局も会社の事情を多少加味してはくれますが，あまりに対応が不十分であると納税者の主張が十分に聞き入れられないまま課税に至ってしまうことも想定されます。人員の限られる中堅企業においては，税務調査が始まってからの負担が重くならないよう事前に提出資料の準備，納税者として自社の所得配分が適正であることの説明の準備をしておくことが重要です。

5 海外子会社側での移転価格調査への対応

(1) 海外での移転価格税制

移転価格の問題は，取引を行う両国での所得配分の問題でもあるため，移転価格に関する税務調査は日本だけではなく海外子会社側でも行われます。ここで調査の前提となる移転価格税制は各国の国内法で定められているため，課税に係るペナルティの重さなどの面で若干の差はありますが，計算方法に関して現地特有のローカルルールはなく，ほぼすべての国がOECD移転価格ガイドライン（以下，「OECDガイドライン」という）に基づいて同じ算定方法を定

めています。

　OECDガイドラインは，OECD加盟国を中心とした作業部会により策定されていますが，OECD非加盟国についても基本的にはOECDガイドラインに準拠した形で移転価格税制を定めています。これは，前述のとおり移転価格の問題が国家間の所得配分の問題でもあるため，各国がバラバラのルールを設定していては，国家間で協議を行って所得配分を検討することができなくなってしまうということがあります。

　また，OECDガイドラインで定める算定方法の前提となっている「独立企業原則」は，各グループ法人が独立企業であるとしたことを前提としたものであり，グループ企業もそうでない企業も含め，すべての法人にとって最もフェアなルールであると考えられているからです。このように，まず各国の移転価格税制に基づく算定方法に原則として違いはないものと考えてよいと思われます。

（2）　海外での移転価格調査のステップ

　前述のとおり，各国の移転価格税制は基本的に同じ算定方法を用いていることから，調査のステップも日本の調査とほぼ同じです。調査開始の際の通知方法や手続き面では違いがあるかもしれませんが，分析に係るステップとして①基本的な資料の提出依頼，②インタビューの実施，③工場見学等，④中間意見の提示およびディスカッション，⑤修正申告の勧告，⑥移転価格更正・決定という流れは変わりません。

（3）　海外での移転価格調査で求められる資料

　海外での移転価格調査において提出が求められる資料についても，基本的には日本で行われる調査と同様です。前述のとおり，移転価格算定方法は各国とも基本的に同じであるため，算定の前提条件となる分析に必要な情報も同じであるからです。大きな違いとしては言語の問題が挙げられ，日本の調査においては日本語での資料提出が求められるのと同様に基本的には現地語での資料提出が求められます。したがって，組織図や切り出し損益など基本的な資料につ

いては，日本本社で作成されたものについても現地語に翻訳して現地で保存しておいたほうがよいものと考えられます。

　なお，後述する移転価格文書化資料についても，各国で求められる資料の内容に大きな違いはなく，現在世界的に内容を統一する方向で議論が進められているため，基本的には日本で作成した文書化資料を現地語に翻訳する形で保存しておけば大きな問題はないものと考えられます。地域によっては現地語でなく英語での資料提出が認められている国もありますので，詳細については専門家に確認することをお勧めします。

（4）　海外での移転価格調査の特徴

　海外での移転価格調査の最も大きな特徴としては，課税の執行状況が異なるということです。例えば中国や東南アジアなどの新興国においては，強硬な課税や違法な課税が多いことがあげられます。

　これは，新興国においては移転価格税制が定められて間もない場合が多かったことから，調査官自身が調査・課税の経験が浅く，内容を正確に理解していないことから生じていた面もありますが，構造的な問題として立証責任の所在の違いがあるものと考えられます。

　例えば日本の場合，調査および課税に関して，納税者の申告内容に非違があれば，その理由を説明する責任が税務当局側にあるため，無理な課税や違法な課税が比較的少ない状況となっていますが，新興国においては課税に係る立証責任が納税者側にある場合も少なくなく，課税に誤りがあるなら納税者が立証しろという姿勢で理論的に正しくない課税を受けている例が目立っています。

　特にインドやインドネシアなどでは課税後に裁判で納税者が勝訴する事案も多いと聞いています。これは現実問題として新興国の調査官にとって課税を行うことがノルマになっているような国もあり，理屈だけでは解決できない問題も含んでいます。特に移転価格課税の場合は課税金額が大きいため，企業にとってのダメージも大きいことが悩ましいところです。

　ただ，最近ではこうした新興国でも，詳細な移転価格ルールが制定され，文

書化資料の作成が求められる国が増えており，裁判等で税務当局が敗訴する事例が増える中，今後は違法な課税も減っていくものと考えられます。

いずれにしても，明らかに間違った所得配分となっていては，現地側での課税リスクも当然大きくなりますので，移転価格税制に即した形で適正な価格設定を行い，取引両国での課税リスクを低減していくよう努力する必要があるものと考えられます。

6 積極的なタックスプランニングと税務調査

(1) なぜ，見解の相違が生じるのか

前述のとおり移転価格税制の課税対象は，基本的にすべての業種のすべての海外子会社との取引となりますが，取引される材料や製品は業種によってさまざまであり，また，同じ業種であっても企業グループによって親子間での役割分担や各グループ法人の活動内容はさまざまであることから，画一的な算定方法を設けること自体が不可能です。また，国家間の問題でもあるため，各国での所得配分を公正に行うには，「独立企業原則」に基づいて，各法人を独立企業とみなして取引価格および利益配分を算定することとされています。

ここで，絶対的な算定方法がなく「独立企業原則」という抽象的な概念に基づいて規定が定められていることから，規定の解釈にはある程度幅があり，税の取り漏れを防ぎたい税務当局と余分な税を納めたくない納税者，また，自国の税収を増やしたい国家間で，その解釈をめぐって見解の相違が生じることとなります。

特に，積極的なタックスプランニングを行う企業においては，移転価格税制を自社に有利に解釈し，低税率国に所得を帰属させるようにしている例も多いことから，税の取り漏れを防ごうとする税務当局とは真っ向から対立する場合もあります。こうした積極的なタックスプランニングは，法令に基づいた形で移転価格を設定している場合が多いものと考えられますが，実態を重視する移転価格の調査においては，事実関係の捉え方によって課税に至るケースも少な

図表3-8 超過利益をロイヤルティとして本社に支払う

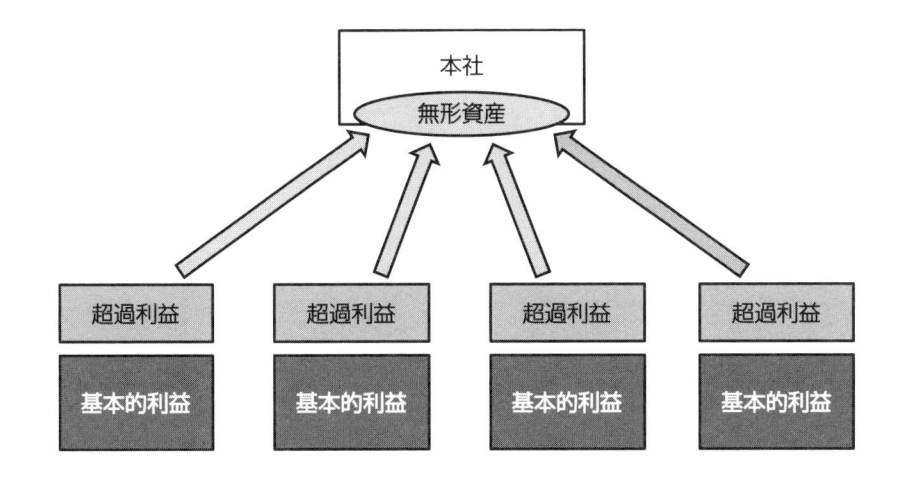

```
         本社
        無形資産
   ↑    ↑    ↑    ↑
超過利益 超過利益 超過利益 超過利益
基本的利益 基本的利益 基本的利益 基本的利益
```

くありません。

本節では，こうしたタックスプランニングの例を示すとともに，税務調査において見解の相違が生じるポイントについて解説します。

(2) 合法的な節税スキームの例

移転価格税制に基づいて各国の所得配分を行う場合，製造活動や販売活動などを行う法人については当該活動に対する基本的利益として，比較対象となる独立企業の財務データに基づき一定の利益を計上することになるものと考えられています。一方で，連結で高い収益性を実現した場合，そこで生まれた超過利益は，無形資産の所有者に帰属するものと考えられています。

例えば，本社に開発機能を持ち，そこで開発された技術に基づいて人件費の安い海外子会社で製造を行うような場合，海外子会社では製造業者として適切な利益を獲得し，それ以上の利益についてはロイヤルティとして本社に支払うことになるものと考えられます。

日本や米国など，グローバル企業の本社が多く所在する先進国は，新興国に

100　第3章　税務当局の組織と移転価格税務調査への対応方法

図表3-9　超過利益をロイヤルティとして低税率国に移す

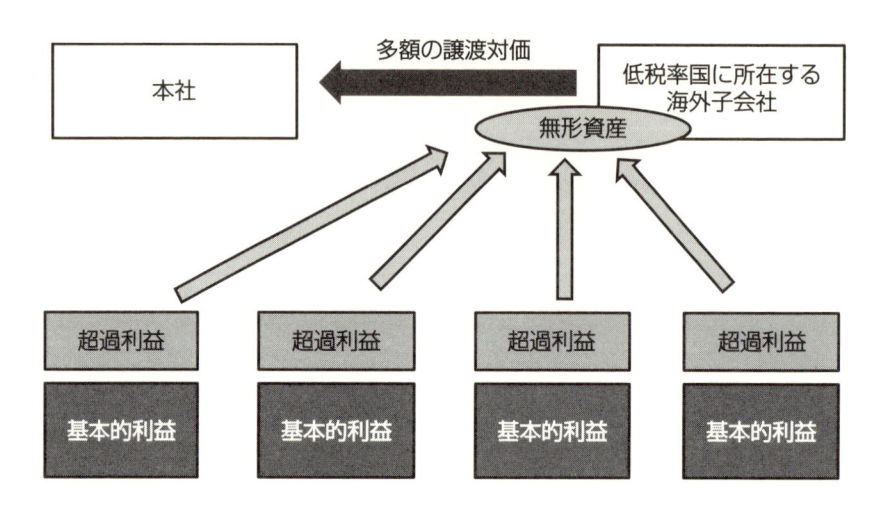

図表3-10　超過利益をロイヤルティとして，本社と地域統括会社に分割する

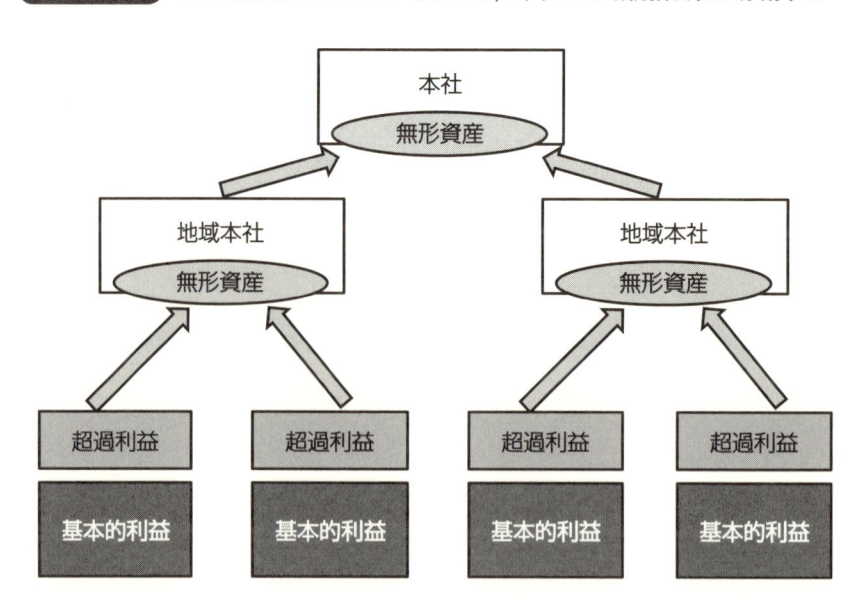

図表3-11　超過利益の一部を各国外関連者に帰属させる

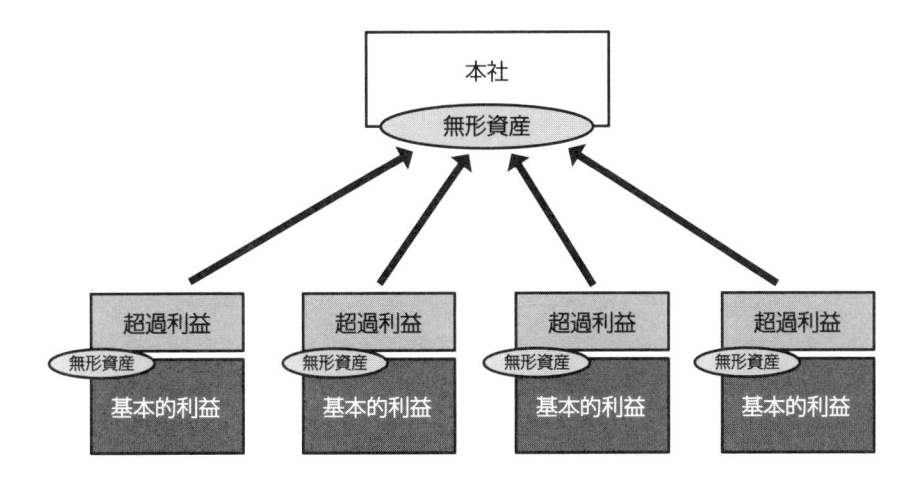

```
                    ┌──────────────┐
                    │     本社      │
                    │   ⬭無形資産   │
                    └──────────────┘
              ↑       ↑       ↑       ↑
     ┌──────┐ ┌──────┐ ┌──────┐ ┌──────┐
     │超過利益│ │超過利益│ │超過利益│ │超過利益│
     │⬭無形資産│ │⬭無形資産│ │⬭無形資産│ │⬭無形資産│
     │基本的利益│ │基本的利益│ │基本的利益│ │基本的利益│
     └──────┘ └──────┘ └──────┘ └──────┘
```

比べて税率が高いため，特に収益性の高い事業を行う企業グループにとっては，世界中のロイヤルティが税率の高い本社に帰属することとなるため，連結ベースでの税務コストは高くなってしまいます。

そこで，この無形資産の開発機能を低税率国の子会社に移すことで，グループ連結での税務コストを削減しようという動きが出てきています。

実際には，過去から開発投資をしてきた本社の無形資産をすべて低税率の子会社に移転しようとすれば，その無形資産の利用により生ずる将来キャッシュ・フローに基づいて多額の譲渡対価を支払わなければならないため，すべての無形資産およびそれに帰属する超過利益を移転させることは困難です。そのため現実的なプランニングとしては，海外専用製品等の現地化製品の開発や，製造のための生産技術開発などの開発機能の一部を海外子会社に移転させることで，グループで生じた超過利益（＝残余利益）を分割して帰属させ，できる限り多くの利益を低税率国に帰属させる形となります。

例としては，各地域の地域統括会社や地域統括機能を担う海外子会社に開発機能の一部を担わせ，本社とその地域統括会社とでロイヤルティを分割して回収する形が考えられます。

また，地域ごとの嗜好性が強い業種などの場合，各国外関連者に多くの機能と権限を委譲し，それぞれの法人が開発活動を含めた意思決定権を有する場合があります。このような場合，本社の国外関連者に対する関与は薄く，それぞれが独立した企業体として事業を行うケースがあります。本社に基礎技術の開発などを残し，応用技術の開発や製品開発は現地法人が担うといった組織体制とすることができると，各法人に基本的利益が配分された後の残余利益（＝超過利益）を本社と各国外関連者に分割して配分する形となりますので，現地法人が開発活動を担わない場合に比べてロイヤルティの金額が低くなり，各法人に帰属する利益が厚くなります。

　実態の仮装隠蔽等により偽った説明を行い，所得配分を操作することは脱税にあたりますが，実態に即した所得配分は合法であり節税の範疇であると考えられることから，税引後利益の最大化を目指す企業グループにとって，タックスプランニングは有用なものと考えられます。

　一方で，自国の課税所得が海外に逃避することを防ぐことを目的とした移転価格税制は，低税率国に過度に所得を移転させることについて警戒しており，不当な所得移転に対しては課税を強化しています。

（3）　恣意的な移転価格算定

　海外子会社により多くの利益を帰属させる方法として，海外子会社の比較対象会社の選定にあたって，できる限り利益率の高い会社を選定し，基本的利益を高くするといった方法が取られることもあります。

　移転価格税制においては法令上定められた算定方法がありますが，基本的には類似の独立企業の財務データとの比較分析を基礎としています。そのため，利益率の高い比較対象を選定することで，海外子会社が計上すべき利益を高く設定し，それを文書化しておくケースもあります。

　しかし，税務調査においては，納税者の選定した比較対象会社について，比較可能性（類似性の程度）が不十分な場合や，一般的な独立企業としての利益水準から大きく乖離しているような場合には，その疑義を確かめるため，調査

官が比較対象会社の再選定を行う場合があります。調査官が比較対象会社を再選定した結果，利益率の低い比較対象が選定され，その選定結果と実績値との間に大きな乖離があれば課税を受けてしまう例もあるので，注意が必要です。

(4) 悪質な租税回避行為へのOECD租税委員会の対応

前述のように，開発機能を低税率国に移転させるなど，グループ企業の機能配置を変更し，それに合わせて移転価格運営をした結果として税務コストが削減されることについては，悪質な租税回避にはあたらず，認められるべきものです。ここで，税に関する基本原則として「経済への中立性」というものがあります。これは個人や企業が行う経済活動に対して税制が干渉して，その意思決定を歪めてはならないというものです。そのため，移転価格税制によりグループ企業の機能配置の変更を制限することはできず，あくまで「独立企業原則」に従って，実態の機能配置に合わせたグループ間取引価格・所得配分を算定することとなります。

そのため有効なタックスプランニングとして，これまで税に対するコスト意識の高い欧米企業を中心に，低税率国に開発機能を移転させる組織再編が行われてきました。しかし近年では，こうした機能配置に基づく所得配分だけではなく，特定の国での特別な税務メリットを利用して無税状態を作り出すタックスプランニングを行う企業が現れはじめました。有名なものとして，「ダブルアイリッシュ・ダッチサンドイッチ」といって，アイルランド国内法とアイルランド-オランダ間の租税条約を利用して，どこの国でも課税を受けない「二重非課税状態」（ハイブリッド・ミスマッチ）を作り出し，税務コストを最小化するものがあります。スキームの詳細については割愛しますが，一部の超大企業もこうしたスキームを利用して税を納めていないことが国際的な問題となり，新聞などでも多く取り上げられるようになりました。

こうした問題の背景として，近年では大企業の中でもIT企業の割合が増えてきていることがあります。これまでは経済の中心が製造業であったため，税務コストの削減を目的とした組織再編を行おうとしても，製造設備や研究開発

機能を移転させることは困難であり，連結利益のほとんどを無税状態にするようなドラスティックな組織再編が行われることはほとんどありませんでした。しかし，IT企業やブランドビジネスなどの場合，事業実態や無形資産を移転させることが比較的容易であり，こうした業種を中心にルールを悪用した租税回避行為が目立つようになりました。

OECD租税委員会では，こうした動きを悪質な租税回避行為とみなし，「税源浸食と利益移転（BEPS：Base Erosion and Profit Shifting）行動計画」を策定し，国際的にこうした二重非課税状態が作られないように対応を行っています。今後は，アイルランドのような特別な国内税法や租税条約などの網の目が生じないように税制の見直しを呼び掛けていく方向にあるため，一部の企業が無税状態になるようなことがなくなっていくものと思われます。

BEPSへの対応は，こうした悪質な無税状態などを取り締まるものであり，税の中立性の原則から，実態を伴った組織再編について特別な制限をかけることを目的としたものではありませんが，税主導の組織再編は何らかの形で不合理な状況が生じやすいものと考えられます。グループ間での機能配置の検討にあたっては，税務コストの削減を第一目的として検討するのではなく，ビジネス上の理由を第一として移転価格の論点も考慮するというスタンスで検討したほうがよいものと考えられます。

7 移転価格税制上の無形資産と税務調査での見解の相違

（1） 移転価格税制上の無形資産

6で記載したとおり，タックスプランニングにおいて，低税率国に多くの所得を帰属させるには，無形資産の所在が論点となってきます。税務当局と納税者との間で見解の相違が生じるのは，この超過利益が帰属すべき無形資産の定義があいまいであり，解釈によって異なることにあります。

日本の移転価格税制上，無形資産については，「著作権，基本通達20-1-21

に定める工業所有権等のほか，顧客リスト，販売網等の重要な価値のあるもの」と定義しており（措置法通達66の4(2)-3），「重要な価値のあるもの」として無形資産を広くとらえています。ここで，無形資産が事業上重要な価値を有するか否かは，企業グループの活動内容や属する市場の状況によって大きく異なります。

　例えば，精密部品や機械などのテクノロジー産業においては，より高い技術力による付加価値の高い製品ほど高い価格で販売することが可能となるため，特殊な技術の特許や技術ノウハウは重要な価値を有する場合が多いと考えられます。一方で，アパレル業界や化粧品業界などでは，技術的な面でそれほど重要な価値がない場合もあり，むしろ広告宣伝によるブランディングや商標等のほうが重要な価値を有する場合があります。

　したがって，個々の事案について，開発に係る知識やノウハウ，広告宣伝活動等が「重要な価値」を有するものであるか否か，独立企業間であれば対価を取るべきものであるか否かを詳細に検討する必要があります。

　旧OECD移転価格ガイドラインおよび米国財務省規則においても無形資産の定義づけについては，あくまで重要な価値を有する無形資産の例示というスタンスとなっており，米国の移転価格税制における無形資産の定義も参考として比較すると**図表３−12**のように定められています。

図表３－12　無形資本の定義づけ

措置法通達（法令解釈通達）66の4(2)-3の(8)	OECD移転価格ガイドライン	米国財務省規則§1.482-4(b)
・著作権 ・特許権，実用新案権，意匠権，商標権 ・特許権，実用新案権，意匠権及び商標権の実施権等 ・生産その他業務に関し繰り返し使用し得るまでに形成された創作（独自の考案又は方法を用いた生産についての方式，これに準じる秘けつ，秘伝その他特別に技術的価値を有する知識及び意匠等をいい，ノウハウや機械，設備等の設計及び図面等に化体された生産方式，デザインを含む。） ・顧客リスト，販売網 ・上記のほか，重要な価値のあるもの	（パラグラフ6.2） ・特許，商標，商号，意匠，形式 ・文学上・芸術上の財産権，ノウハウ，企業秘密 （パラグラフ6.3） ・コンピュータソフトウェア （パラグラフ6.4） ・マーケティング上の無形資産（商標，商号，顧客リスト，販売網，重要な宣伝価値を有するユニークな名称・記号・写真） （パラグラフ6.5） ・ノウハウや企業秘密は商業上の活動を助け，又は向上させる財産としての情報又は知識である。 ・ノウハウは経験から得られるものであり，製造者が単なる製品の検査や技術の進歩に関する知識から知ることができないものを意味する。 ・ノウハウは特許権によりカバーされない秘密工程，秘密方式及び産業上，商業上又は学術上の経験に関するその他の秘密情報を含むかもしれない。	無形資産とは以下のものを含み，かつ，個人の役務とは関係なく重要な価値を有する資産をいう。 ・特許，発明，方式，工程，意匠，様式，ノウハウ ・著作権，文学作品，音楽作品，芸術作品 ・商標，商号，ブランドネーム ・一手販売権，ライセンス，契約 ・方法，プログラム，システム，手続，キャンペーン，調査，研究，予測，見積り，顧客リスト，技術データ ・その他の類似項目（あるものの価値がその物理的属性でなく，その知的内容又は他の無形資産から派生している場合，上記の各項目に類似しているとみなされる。）

（注）上記の比較表は，無形資産の定義項目等を分かりやすく羅列したものであり，各規定の内容をそのまま引用したものではない。
（出所）移転価格参考事例集　事例10≪解説≫より引用

　移転価格税制においては，無形資産の所有者に，当該無形資産の使用により生じた超過利益が帰属することとなるため，税務調査においては，調査対象企業のグループにとって何が重要な無形資産に該当するのか，また当該無形資産の所有者がどの法人であるのかについて，企業グループの活動実態から判断していることとなります。ここで，税務調査においてどのようなものが重要な無形資産として認められるのか，またどのような者に無形資産の所有が認められるかについて，以下解説します。

(2) 税務調査において重要な無形資産として判断された事例

業種や企業によって超過利益の源泉となる無形資産は異なるため，すべての事案に共通するものではありませんが，筆者の経験上，重要な無形資産として判断されたものを以下に例示します。

① 特　許

ある製品を販売する企業が，特定の技術について特許を有することで，競合他社の製品と比べて品質・性能の差，付加的な機能，耐久性等に差がある場合，特許を有する企業は競合他社の製品よりも高い価格で販売ができる，または他社よりも多くの販売を実現することができる場合があります。

このように優れた技術，特許等が，その使用者の事業における所得の源泉となる場合は，移転価格税制における重要な無形資産に基づく超過利益が発生しているものとして取り扱われるものと考えられます。

② ノウハウおよび企業秘密

特定の技術について特許申請を行う場合には，技術の内容を開示する必要があるため，特許の期限が切れた場合に技術が流出してしまうこととなります。そのため，場合によっては特許を取得せずに自社の秘密のノウハウとして所有していることもあります。また，特許や商標のように法的な権利保護がないものについても，企業が有する経験によって積み上げられた知識やノウハウが他社との差別化に寄与している場合もあります。このように，法的な権利保護にかかわらず，超過利益の源泉として重要な無形資産として判断される場合があります。

③ 重要な広告宣伝

主に一般消費者を最終的な販売先とする事業においては，マスコミ等を利用した広告宣伝により高く認知されることで，売上を伸ばす，またはブランド力の向上により高い価格で販売することが可能となる場合があります。このよう

に，他社と比較して多額の広告宣伝費を投じた場合や，効果的な広告戦略を実施したことにより同業他社よりも高い収益性を実現できた場合には，こうした広告宣伝活動の成果が重要な無形資産として判断される場合があります。

④ 商標・商号・ブランド

世界的に知られる商標やブランドは，その名称が付されることで，より高い価格で販売，または，より多くの売上高が実現されるケースがあります。このような場合，当該商標やブランドは重要な無形資産として認められる可能性があります。ただし，海外進出をして間もない段階においては，その国での知名度が低いケースも多く，単純に商標やブランドだけを取り出して重要な無形資産とはみなされない場合も多いものと考えられます。商標・ブランドの価値は，販売される製品の品質や，マスメディアなどへの広告宣伝投資などと有機的につながって価値を発現するものと考えられるため，その価値判断にあたっては慎重な対応が必要であると考えられます。

⑤ 広範な販売網

海外市場での販売にあたり，販売子会社が販売現地国において他社よりも多くのディーラーまたは非常に有力なディーラーとの販売代理店契約を獲得したことにより，より多くの売上を実現し営業利益ベースで高い収益性を実現できる場合があります。こうした販売網を構築したことは超過利益の源泉であると考えられることから，当該販売網が重要な無形資産として判断される場合があります。

⑥ 顧客リスト

例えば，日本に本社を有する企業が海外進出をする場合，日本の顧客が海外に進出するのにあわせてその進出先国に海外子会社を設立することがあります。このような場合，海外子会社は，設立当初から販売先が保証されており，営業活動に係る人件費や広告宣伝費等をかけずに売上を上げることができるため，

通常の営業活動を必要とする同業他社よりも高い収益性を実現できる可能性があります。また，海外子会社の設立国に日本本社の顧客の子会社が多ければ，同様に高い収益性を実現できる可能性があります。このような場合，当該顧客リストは収益の源泉となっているものと考えられ，重要な無形資産として判断される可能性があります。

⑦ 厳格な品質管理

製造業において，独自の品質管理ノウハウにより仕損品発生損失を引き下げることができる場合や，故障等の発生が少ない点で販売面での優位性を得られる場合があります。また，食品業界などにおいては，品質管理の高さが消費者の信頼を得ることにつながり，高い価格での販売を可能とするケースもあります。このように，他社よりも優れた品質管理ノウハウが高い収益性の源泉となっている場合，当該品質管理ノウハウは，重要な無形資産として判断される場合があります。

⑧ 優れた生産技術

効率的な工場レイアウト等による製造プロセスの改善，製造工程の改善による歩留りの低下などにより製造コストの削減に成功し，同業他社よりも高い収益性を実現できる場合があります。このような場合，当該生産技術は，重要な無形資産として判断される可能性があります。

⑨ 現地化開発

グローバル企業においては，通常本社の研究開発により，製品の製造に係る基本的な技術は確立されている場合が多いと思われますが，海外市場での販売にあたっては，それぞれの市場に合わせて製品の改良を行う場合もあります。例えば，自動車等では，国によって規制により車幅の最大値が決められている場合において，本社で開発した製品が当該規定値を超えてしまっているときには，現地の規制に合わせて設計をし直す必要があるものと考えられます。この

ような場合，海外子会社が製品の現地化に係る開発を行うことも考えられますが，現地の規制に合わせて製品を調整することは，比較対象となる現地企業であれば当然に行っているものであるため，他社よりも高い収益性を実現する要因（超過利益の源泉）として重要な無形資産としては認められない場合もあります。一方で，より現地のニーズに合わせて大幅な製品の改良を行う場合など，当該現地化が，同業他社等が一般的に行うレベルを超えており，結果として高い売上を上げることに貢献していると客観的に認められるものであれば，重要な無形資産として認められる可能性はあるものと考えられます。

(3) 重要な無形資産に該当するか否かの判断基準

移転価格税制における超過利益の源泉となる重要な無形資産に該当するか否かの判断にあたっては，ルーティーン無形資産（通常の無形資産）と，ノンルーティーン無形資産（重要な無形資産）という概念を理解する必要があります。すなわち，比較対象会社となる類似の独立企業でも有するような技術・ノウハウについては一般的な技術・ノウハウ，すなわち「通常の無形資産」として整理します。「通常の無形資産」を使用して獲得する利益は，その無形資産を使

図表3-13 重要な無形資産の認識のイメージ

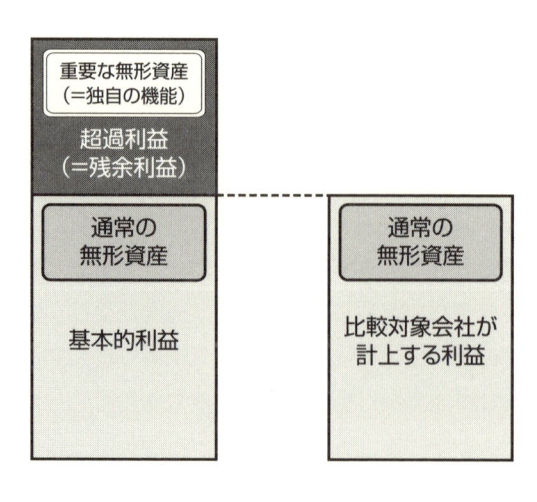

用して事業を行う関連者の機能に係る利益として，当該関連者に帰属するものと考えられます。一方で，比較対象会社の利益率を超える付加価値を生み出す源泉となる技術・ノウハウ等については「重要な無形資産」として整理します。「重要な無形資産」を使用した結果，一般的な活動を行う比較対象会社の利益率を超えた場合，当該利益率の超過部分を無形資産の所有者に支払うものと考えられます。

移転価格税制における「重要な無形資産」の認識は，比較対象となる類似の独立企業との比較分析により，相対的な価値として認識していくものであるということを理解することが重要です。

重要な無形資産であるのか，あるいは通常の活動の範疇に収まるものなのかについて，移転価格事務運営要領（事例集）においては，以下のように記載されています。

> ■移転価格事例集　事例11≪解説≫
> 　基本的活動のみを行う法人を含め企業は通常何らかの販売網を有し，また，製造に当たっては，何らかの品質管理を行っていると考えられ，販売網の存在や品質管理業務の実施が直ちに基本的活動のみを行う法人との比較において，国外関連取引に係る所得の源泉になっていると認めることはできない。ただし，その販売網が他に見られない広範なものやユニーク（独自）なものであること，また，品質管理ノウハウについても基本的活動のみを行う法人と比較した独自性があることにより，国外関連取引に係る所得の源泉になっている場合がある。

(4) 重要な無形資産に該当しないもの

上記のとおり，移転価格税制の実務においては，超過利益を生む源泉となる重要な無形資産の所有者に対して超過利益を配分するという考え方がとられていますが，以下のように，無形資産以外の要素で追加的な利益が生じるケースもあります。

① グループのシナジー

　移転価格税制上の無形資産は，グループ企業の一方の者から他方の者に供与・譲渡されるものを前提としており，そのため「単一の企業により所有または支配されるもの」と考えられています。すなわち，グループ企業がグループであるがゆえに追加的な利益が生じる場合には，移転価格税制上の無形資産として取り扱われません。例えば，グループ間で重複する活動を集約することや，垂直統合によるコスト削減，共同購買による仕入価格の低下などにより利益が生じる場合，それはグループ内の特定の者が所有する重要な無形資産には該当しません。このようなグループシナジーにより生じる追加的な利益は，それぞれの貢献に基づいて各関連者に配分されることとなります（グループシナジーに係る利益の取扱いについては補章②を参照）。

② 市場固有の特徴

　販売する製品の品質や高い機能性に限らず，属する市場の高い購買力や競合他社の少なさなどにより，高い収益性を実現できる場合があります。また，製造地における安価な人件費や，販売市場への近さによる輸送コストの低さ，電気・水道代等のインフラコストの低さ等により，他の地域で製造する場合よりも高い収益性を実現できる場合があります。このような市場固有の特徴により利益が生じる場合，それは単一の企業により所有・支配されるものではないため，移転価格税制上の重要な無形資産としては取り扱われません。こうした要因は，類似の市場に属する比較対象会社を選定することにより，当該要因から生じる利益を加味し，価値評価を行うこととされています（市場固有の特徴に係る利益の取扱いについては補章②を参照）。

(5)　「重要な無形資産」から「独自の機能」への改正

　これまで移転価格税制上，超過利益（残余利益）の帰属の議論においては，その源泉となる「重要な無形資産」と表現されてきました。しかし，多様化するビジネスの世界において，企業によっては超過利益の源泉が何らかのネット

ワークである，または特別な活動であるといったように，必ずしも「無形資産」という表現が適さないケースも出てきました。そこで，平成23年度の税制改正において，それまで「重要な無形資産」という表現がされていた部分について，「独自の機能」という表現に改められています。それまでも移転価格税制上の無形資産は，特許やブランドのみではなく，もっと広い概念として捉えられてはいましたが，「独自の機能」という表現により，一般的な無形資産以外のものも含まれるということが明確になり，比較対象会社と異なる機能や収益の発生要因がすべてこの「独自の機能」の中に含まれることとなったように思われます。このことにより，比較対象会社の利益率を超える部分については，すべて何らかの「独自の機能」によるものとして判断されるようになったと考えられます。

　ただし，特殊なケースを除いてこの改正の影響は限定的であると思われ，「独自の機能」の中には「重要な無形資産」も包含されるものであることから，基本的にはこれまでどおり，「重要な無形資産」という考え方で超過利益の帰属を検討して問題ないものと考えられます。以降の説明においても，これまでどおり「重要な無形資産」という表現を使用します。

(6) 無形資産の法的所有者と経済的所有者

　通常，独立企業間においては，無形資産の開発を行う者が当該活動に係る費用を負担し，価値ある技術等が開発された場合，自ら特許の申請を行い，法的な所有者となります。一方で関連者間においては，特許の申請者を操作することは比較的容易であり，例えば日本で開発した技術に係る特許や商標について，低税率国に所在する関連者に法的所有権を持たせることもできます。こうした無形資産の法的所有者に対して利益の帰属を認めてしまうと，国外への所得移転が容易に行われてしまいます。そのため移転価格税制においては，必ずしも法的所有者に無形資産に係る利益が帰属するとは認められず，経済活動の実態を鑑みたうえで，真の所得の帰属先がどこであるべきかを判断することとなります。

すなわち，移転価格税制においては法的所有者という観点だけではなく，実際にその無形資産を形成・維持・発展させ，その費用を負担した「経済的所有者」に無形資産が帰属するものと考えられています。

> ■移転価格事務運営指針　第2章　調査（無形資産の形成，維持又は発展への貢献）
> 2-12　無形資産の使用許諾取引等について調査を行う場合には，無形資産の法的な所有関係のみならず，無形資産を形成，維持又は発展（以下「形成等」という。）させるための活動において法人又は国外関連者の行った貢献の程度も勘案する必要があることに留意する。
> …

例えば，親会社が関与しない領域について海外子会社が自らの管理・判断により開発活動を行い，当該海外子会社が開発費の負担も行っていた場合，そこで取得した特許の経済的所有者は海外子会社になるものと考えられますが，グループの無形資産の法的所有者を本社にすることとしている場合，移転価格税制上の無形資産の所有者と，登録上の無形資産の所有者が異なることとなります。

（7）　開発費用の負担と無形資産の所有

移転価格税制において，無形資産の所有者は，原則として当該無形資産の開発活動を行う者であると考えられています。通常，独立企業間においては，開発活動を行う者が自らリスクを負って開発費を負担し，当該開発活動に係る成果も獲得する形が一般的であると考えられるからです。

したがって，日本で行われた開発活動に対し，単に費用の負担者を他の国外関連者にすることで，無形資産の所有者を操作することは認められません。特に，将来的に収益を生む可能性の高い無形資産の開発について，国外関連者に費用負担をさせているだけである場合，当該国外関連者に無形資産を帰属させることは認められないものと考えられます。

> ■移転価格事務運営指針　第2章　調査（無形資産の形成，維持又は発展への貢献）
> 2-12　（中略）
> 　なお，無形資産の形成等への貢献の程度を判断するに当たっては，当該無形資産の形成等のための意思決定，役務の提供，費用の負担及びリスクの管理において法人又は国外関連者が果たした機能等を総合的に勘案する。この場合，所得の源泉となる見通しが高い無形資産の形成等において法人又は国外関連者が単にその費用を負担しているというだけでは，貢献の程度は低いものであることに留意する。

(8) 委託開発の場合

　委託開発により，開発活動を行う者と費用の負担者が異なるケースがあります。上記のとおり，単純な費用の付替えで無形資産の所有者を操作することは認められませんが，独立企業間取引においても，委託開発取引として費用の負担者が開発された無形資産の所有者となる場合があります。この前提として，当該委託者は必要な技術の開発を依頼するため，研究開発に係る予算および開発テーマを決め，委託した開発テーマの進捗状況を管理し，開発された内容について依頼内容と異なっていれば修正を求めるといった管理を行い，開発された技術の権利保護等を行うものと考えられます。このように，委託開発の依頼者が実質的に意思決定を行うことで研究開発活動を主導しており，すなわち当該開発に係るリスクを負担する能力があり，かつその開発に係る費用を負担しているような場合には，当該委託者が無形資産の所有者として認められるものと考えられます。

　過去の裁判で，子会社が親会社に対して委託開発を行い，当該開発の成果である無形資産およびそれに帰属する超過利益がどちらに帰属するかが争われました。当該事案では，最終的に子会社側が研究開発活動に係るテーマを決め，進捗管理等を行い，研究開発活動を主導していることが認められ，子会社の親会社に対する委託開発の結果，子会社が無形資産の所有者であることが認めら

れました。このように，委託開発に係る無形資産の所有者は，単純に委託者・費用の負担者と判断するのではなく，実態として当該開発活動を統括する者が誰であるかを判断することが重要となります。

通常，独立企業間において委託開発を行う者であれば，以下の事項を有していると考えられます。

- 研究・マーケティングプログラムのデザインおよびコントロール
- 予算の管理およびコントロール
- 無形資産の開発プログラムに係る戦略的な決定へのコントロール
- 無形資産の防御・保護に係る重要な決定
- 無形資産の価値に重要な影響があると考えられる機能に係る品質管理へのコントロール

また，移転価格参考事例集の事例13の解説において，無形資産の委託開発を行う者が有する「意思決定」および「リスク管理」について，以下のように解説されています。

「意思決定」とは，具体的開発方針の策定・指示，意思決定のための情報収集等の準備業務などを含む判断の要素であり，「リスク管理」とは，例えば無形資産の形成等の活動に内在するリスクを網羅的に把握し，継続的な新緑管理等の管理業務全般を行うことによってこれらのリスクを一元的に管理する業務等である。

（9） 無形資産の共同所有

1つの開発テーマについて，親会社と国外関連者が共同開発する場合や，1つの商標について親会社がデザイン・企画・立案を行い，国外関連者が広告宣伝などにより認知度を高める場合など，1つの無形資産を複数の者で形成・維持・発展させるケースもあります。このような場合，無形資産の所有者は，当該無形資産の構築に貢献した者が，それぞれの貢献割合に応じて共同所有することとなります。通常，この貢献割合については，当該無形資産の構築にあた

って負担した費用の割合となります。この場合，当該無形資産の使用により生じた所得についても，当該無形資産の構築に貢献した各者について，それぞれの貢献割合に応じて分配されることとなります。

(10) 税務調査における見解の相違のポイントと対応
① 海外子会社の活動が重要な無形資産の構築活動であるのか否か

税務調査において海外子会社への超過利益の帰属が認められるには，海外子会社が行う開発活動が，企業グループの高い収益性の実現に貢献する重要な無形資産の構築活動にあたるかどうかという点について，明確な説明が求められます。例えば現地化開発の場合，単に現地の規定に合わせて商品のサイズを変更したり，製品の表示を現地語に翻訳する程度のことであれば，通常の活動の範囲内として無形資産の構築活動としては認められないケースもあります。どの程度の活動であれば重要な無形資産の構築活動にあたるかについては明確な基準はありませんが，客観的に見て，親会社の開発活動と比較しても海外子会社の活動が収益に大きく貢献しているということが明らかであることが必要だと考えられます。

税務当局の理解を得るため，できる限り客観的な情報や具体的な成果物，データ等で，海外子会社の利益への貢献を立証できるよう準備しておくことが望ましいと考えられます。

② 海外子会社が重要な無形資産の所有者であるのか否か

海外子会社が本社に開発委託をしている場合や開発費の負担をしている場合，前述のとおり，海外子会社が当該開発の統括・管理をしていなければ海外子会社が重要な無形資産の所有者とは認められません。

海外子会社が，そのような統括・管理活動をしていることを税務調査の際に立証できるよう，メールでのやり取りや議事録などを作成し，保存しておくことが望ましいと考えられます。

第4章

二重課税の解消方法と課税を受けないための対策

1 移転価格課税を受けてしまった場合の救済措置

　移転価格課税を受けた場合には，1つの所得に対して2つの国で納税している状態となるいわゆる二重課税状態となります。この二重課税の状態は，グループ全体として税を納めすぎていることになるため，二重課税を解消するための救済措置が設けられています。しかし，この二重課税の解消には多くの労力と期間・コストが必要となるため，実際には多くの企業が二重課税状態のまま，移転価格による追徴課税を純粋な税務コストとして放置している状態にあります。本節では，二重課税を解消するための方法と，そのステップおよび期間とコストについて解説します。

(1) 移転価格課税を受けても還付を受けることができる？
　前述のとおり，海外取引についてどちらかの国で移転価格課税を受けた場合，その所得に対しては取引相手国ですでに納税が行われていることから，1つの所得に対して二重に税が課される状態（二重課税状態）となります。移転価格課税は，自国で税が取り漏れている分について適正に課税を行うことを目的としており，懲罰的に二重の税を課すことを目的としているわけではありません。各国は相互に租税条約を締結しており，こうした国境を越えた二重課税の状態が生じた場合には，取引両国で話し合いを行い，どちらかの国で納めすぎた税を還付することで二重課税を解消することができる制度を設けています。この国家間協議を「相互協議」と呼び，移転価格課税のような二重課税が生じた場合には，納税者はこの相互協議を申し立てる権利があります。
　例えばA国の親会社とB国の子会社との間における取引について，A国で移転価格課税が行われたとします。納税者は，A国とB国の税務当局に相互協議を申し立てると，両国の税務当局はそのグループ会社への課税について，二重課税を解消するための協議（＝相互協議）を行います。相互協議では，A国で行われた移転価格課税が適正なものであったのか，課税された所得はA国に帰

図表4-1　二重課税は解消できる？

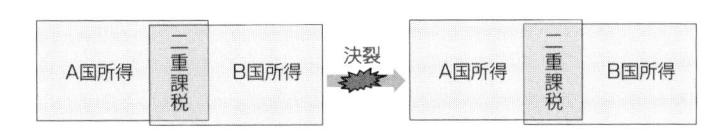

```
[A国所得|二重課税|B国所得] →決裂→ [A国所得|二重課税|B国所得]
```
二重課税された所得がどちらの国のものか協議＝相互協議　　協議が決裂すれば二重課税は解消されない

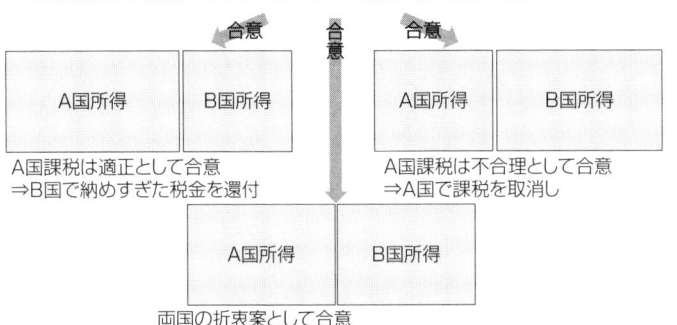

```
合意↙    合意↓    合意↘

[A国所得|B国所得]              [A国所得|B国所得]
A国課税は適正として合意         A国課税は不合理として合意
⇒B国で納めすぎた税金を還付      ⇒A国で課税を取消し

         [A国所得|B国所得]
         両国の折衷案として合意
         ⇒A国が一部課税を修正しB国で残りを還付
```

属すべきものであったのかどうかが話し合われます。その結果，A国の課税が適正であったと両国が合意すれば，その分B国では税を納めすぎていたことになりますので，B国で納めすぎた税を還付することで二重課税を解消します。反対に，協議の結果，A国の課税には問題があり，課税された所得はやはりB国のものであるとして両国が合意すれば，A国は課税を取り消して二重課税を解消します。

しかし，協議はそう簡単ではなく，どちらの国も自国の税収を確保したいというインセンティブがあるため，二重課税状態となっている所得をめぐって，それがどちらの国に帰属すべきか議論が重ねられます。多くの場合は両国の意見をまとめて折衷案として，課税国が一部課税を修正し，残りを取引相手国に還付する形で合意するケースが多いように思われます。

このように，いずれの形でも両国が所得の配分について合意できれば二重課税は解消されますが，両国の意見が全く相容れず，協議が決裂するケースもあります。税務当局は，相互協議を行う義務はあるものの合意をする義務はないため，両社の意見が折り合わなければ協議は決裂し，二重課税はそのままの状

態となります。

相互協議の件数は毎年140件から180件前後ですが，概ね協議は合意しており決裂するケースは少数となっています。それでは，移転価格課税を受けても相互協議を申し立てれば企業へのダメージはないのでしょうか？　以下で，相互協議がどのように行われていくかについて，期間とコストを含めて説明します。

（2）　相互協議のステップ，期間とコスト
①　事前相談

まず，相互協議を申し立てる前に，国税庁の相互協議室に事前の相談をします。課税内容について概要を説明し，どのように相互協議を進めるかについてディスカッションを行います。

国税庁としては，相互協議の申立てを受ければ相互協議を行うこととなりますが，追徴税額が数千万円以下のケースなどでは納税者にとってもコストのほうが大きい可能性もあり，本当に申立てを行うべき事案であるかどうかについても含めて検討がなされます。

相互協議を申し立てることとなる場合，申請書に記載すべき内容等についても相談をし，そのうえで申立書の作成を行います。

②　申立書の作成

事前相談の後，相互協議を申し立てるために申立書を作成します。相互協議の申立書自体は規定の書式があり，Ａ４用紙で数枚の簡単なものですが，実際には添付資料として，課税に至った経緯を詳細に説明する必要があります。

相互協議では，移転価格課税について，それが取引相手国から見ても適正なものであるのかどうかを話し合い，取引相手国がその課税を適正だと認めれば取引相手国で課税処分に従った金額を還付し，取引相手国の主張で課税が不適切であるということを課税国側が認めれば，課税国が課税を取り消して還付をすることとなります。

相互協議で取り扱われる課税金額は数億円から数十億円を超えるものも多い

ことから，以下のような内容を十分に把握する必要があります。また，以下の情報は，相互協議を行う両国が同じように把握していなければ協議にならないため，同様の情報を申請書の添付資料とし，それぞれの国の言語で作成したものを同時に提出することとなります。

　a．事実関係

　課税対象となった取引を行う両者の活動内容，属する産業の状況，取扱い製品や損益状況など，移転価格を検討するにあたって必要となる事実関係を詳細に説明する必要があります。

　b．税務調査における議論の内容

　税務調査においては，税務当局による課税案の提示と，それに対する納税者の反論が行われます。移転価格課税は，課税国側の所得が足りないために行われるものであり，反対に納税者の主張内容は，取引相手国に所得が帰属している状態が適切なものであるという内容となります。そのため，課税の適否を検討するにあたって，取引相手国としては納税者の主張内容と近いものとなり，協議にあたっては，税務当局の主張と納税者の主張のどちらが正しいのかという面も議論の対象となります。また，税務当局としてもなるべく自国の所得を多くする形で合意できるように，相手国との協議での駆け引きもあることから，調査での議論の過程を十分に理解することで，取引相手国とどのように話し合うかを検討することとなります。

　c．課税金額の算定方法

　移転価格課税を行った際の移転価格算定方法およびその根拠となる比較対象会社の内容が事実関係に照らして適切であるか否か，また，比較対象会社の選定方法が適切であるか否かなども，両国にとって重要な議論の要素となります。そのため，こうした情報についても両国に説明する必要があります。

　上記から，相互協議の申立てに係る添付資料は通常数十ページ以上のレポート形式になり，申立てを行うまでにも相当の期間と労力が必要となります。

③ 申請書の提出・審査（日本側）

相互協議の申立書および添付資料を提出した後は，国税局により申請内容の審査が行われます。最終的には国家間協議により，両国での利益配分の合意に向けて話し合うこととなりますが，その前に日本当局として申請内容が許容されるものであるか否か，および相手国からどのような主張を受けるかを事前に検討することとなります。

日本当局としては，自国への所得の帰属を主張することとなるため，それを理論的に説明できるよう追加的な分析資料の提出を依頼されたり，不明な点についての質問への対応も求められ，通常，審査には数カ月を要します。

④ 申立書の提出・審査（相手国側）

日本の場合，相互協議の申立てを行うと，申立てを受け付けたうえで審査を行い協議へと進みますが，中国などの場合，相互協議を行うことが自国にとって不利なもの（中国側で還付を行う必要があるもの等）であれば，申立て自体をなかなか受理してくれないケースもあります。日本の場合では，事前相談➡申立ての受理➡審査という流れとなりますが，中国などの場合は実際には，事前相談➡申立内容の審査➡申立ての受理という流れとなっています。

納税者としても，相互協議の申立てを受理してもらえなければ二重課税の解消ができないため，なるべく日本側で還付を受ける形で申請書を作成し，中国等の相手国に申請を受け入れてもらえるようにしたりするケースもあります。しかし，そうしてしまうと，日本の当局としてはその内容を受け入れられないといった結果になる場合もあり，特に新興国との協議にあたっては，申立てを受け付けてもらうこと自体，大変な労力を要する場合もあります。

国によってはそうした特殊な場合もありますが，一般的には日本と同じように申請書および添付資料としての説明資料を提出した後，それを税務当局にて審査したうえで，必要な追加分析資料等を求められ，相手国との議論の下地ができた段階で協議へと進むこととなります。

⑤ 相互協議

　納税者から申し立てられた内容および提供された情報をもとに年に数回行われる国家間協議で，課税された取引の所得がどちらの国に帰属すべきものであるのかが議論されることとなります。相互協議はさまざまな国との間で行われており，米国や中国など相互協議の申立ての多い国との間では年に数回，申立ての少ない国との間では年に1，2回の場合もあります。そうした限られた協議回数の中で，多くの事案について議論を行わなければなりません。一方で，1つの事案が終結するまでには数回の議論を必要とすることから，複雑な事案となると数年間を要する場合もあります。相互協議は平均して2年程度とされていますが，新興国との協議の場合，2年で終結することは難しく3年以上かかるケースが多くなっています。

　上記のように，相互協議の申立てにあたっては税務当局への説明や資料の作成などに大変な労力がかかり，協議が行われている数年間，税務当局をサポートし続けなければなりません。また，それを課税国と取引相手国の両税務当局に対して行っていかなければなりませんが，これを納税者だけで行うことは困難だと思われます。そのため通常，両国で専門家に依頼することとなりますが，大手法人の場合，一方の国だけで最低数千万円程度の費用が必要となるケースも多いことから，1億円未満の追徴税額である場合，二重課税の解消による還付金の額よりもコストのほうが大きくなる可能性もあります。そのため，相互協議を申し立てずに二重課税のままで終える事案も少なくありません。

(3) 中堅企業にとっての移転価格課税の問題点

　大企業が数億円から数十億円の追徴課税を受けた場合には，通常この相互協議を行うことで二重課税を解消することになりますが，前述のとおり，相互協議が合意に至るまでには2年ほどの歳月がかかるということと，現実的には日本と相手国の両国で専門家のサポートが必要となるため，外部コストだけでも数千万円以上かかるケースが多いものと思われます。追徴課税の金額が数億円

以上の場合には，コストと歳月をかけてでも相互協議を行う経済的なメリットがありますが，数百万円から数千万円の追徴課税を受けた場合，相互協議を行っても還付税額が対応コストに見合わないケースが多いものと考えられ，小規模取引において二重課税を解消することは現実的には難しいものと考えられます。一方で中堅企業にとっては数百万円から数千万円の追徴課税というと大きな金額なので，いかに課税を受けないように事前の対応をするかがより重要になるものと考えられます。

（4） 新興国取引の増加と移転価格問題の深刻化

近年では先進国のマーケットは成熟し，人口の増加・マーケットの拡大が見込まれる新興国での子会社設立や追加投資が増えています。一方でインド，東南アジア，南米，アフリカなどの新興国は，移転価格税制執行の歴史・経験が浅い国も多く，租税条約の整備が十分でないなど制度的にも未熟な国が多いのが実情です。また，研究開発機能を持ち，技術特許等の無形資産を所有する親会社が多く所在する日本を含めた先進国と，資源・若い人口・需要の旺盛な市場を持つ新興国とでは利益の源泉や所得の帰属に関する考え方が大きく異なる面もあり，いずれかの国で移転価格課税を受けた場合，相互協議を行っても話がなかなかまとまらないケースが多くなっています（新興国と先進国での利益の帰属に関する最近の議論については補章2を参照）。

相互協議は納税者が申立てをすれば受け付けてはくれるものの，合意する義務はなく，特にこのような新興国との協議は合意できる可能性が高いとはいえないため，新興国子会社との取引で移転価格課税を受けた場合には二重課税が解消できるとは限らない点に留意が必要です。

（5） 国内救済措置 ——不服申立てと税務訴訟——

税務当局による課税に対して不服があり，かつ相互協議の申立てができない，または相互協議が決裂した場合には，課税の取消しを求めて不服申立てまたは税務訴訟を行うこととなります。まずは裁判の前に不服申立てとして，異議申

立てまたは審査請求をすることとなります。

　異議申立てとは，課税庁に対して課税内容が事実誤認に基づく，または違法な課税であるとして取消しを求めるものです。したがって，課税を行った者に対して異議を申し立てるものですが，すでに調査において調査官とは議論が尽くされており，特に移転価格課税の場合には国税庁による一元管理のもと，当局内でのコンセンサスをとったうえで課税に至っていることから，異議申立てにより課税判断が覆る可能性は低いといわれています。

　異議申立てが認められなかった場合には，課税庁ではなく独立の審査機関である国税不服審判所に対して審査請求を行うこともできます。なお，審査請求は異議申立てを経なくても行うことができます。審査請求により，課税の内容や調査の手続きに違法性がないか，法令解釈に間違いがないかを審査し，課税の取消しを求めます。

　国税不服審判所の裁決の結果，課税の取消しがなされない場合には，裁判所に訴訟を提起することができます。国税不服審判所は独立機関とはいえ国税組織の一部でもありますが，税務訴訟では，より独立性の高い判断がなされる可能性はあります。税務訴訟の場合は，地方裁判所での裁判から始まり，控訴がなされれば高等裁判所，場合によっては最高裁判所で争われる可能性もあります。移転価格課税に対する裁判の件数は多くても年に数件程度ですが，納税者が勝訴するケースもあります。

　こうした不服申立て，税務訴訟の結果，課税が全部取り消される場合もあれば，納税者の主張が部分的に認められ，一部の課税額が取り消される場合などもあります。

　税務当局としては，不服申立てや税務訴訟で敗訴した場合，その後の類似の事案についての税務執行にも関わることから，地方裁判所の段階では控訴する可能性が高いと考えられます。最高裁まで進む場合，そこで出た結論の影響力は非常に大きいことから，高裁で終わる事案も多いように思われますが，いずれにしても課税の取消しには高裁までは戦う覚悟で臨む必要があります。

　このように不服申立てから裁判まで行うためには，相互協議以上の労力と費

用がかかるものと考えられ，期間としても5年程度は想定しておいたほうがよいかと思われます。そのため，数千万円程度の追徴税額ではコストのほうが大きくなってしまうため，数十億円以上の追徴税額事案でなければ，国内救済措置に進むメリットは低いものと考えられます。

> **参考** 国内救済措置に係る申立ての期限
>
> (1) 異議申立て
> 　税務署長等が行った処分に不服があるときには，処分の通知を受けた日の翌日から2カ月以内に，税務署長等に対して異議申立てをすることができる。
> 　なお，青色申告書に係る更正処分に不服があるときなどは，異議申立てをせずに，直接，国税不服審判所長に対して審査請求をすることができる。
> (注) 異議申立てから3カ月を経過しても異議決定がない場合には，国税不服審判所長に対して審査請求をすることができる。
>
> (2) 審査請求
> 　税務署長等の異議決定を経た後の処分に，なお不服があるときには，異議決定の通知を受けた日の翌日から1カ月以内に，国税不服審判所長に対して審査請求をすることができる。
> (注) 審査請求から3カ月を経過しても裁決がない場合には，裁判所に訴訟を提起することができる。
>
> (3) 訴訟
> 　国税不服審判所長の裁決があった後の処分に，なお不服があるときには，その裁決があったことを知った日の翌日から6カ月以内に，裁判所に訴訟を提起することができる。

(6) 相互協議の申立てと不服申立ての同時申請

　前述のとおり，不服申立て・訴訟には大変な労力とコストがかかることから，租税条約が締結されている国の子会社との取引について移転価格課税を受ける企業の多くは相互協議を申し立てていますが，同時に不服申立ての手続きを行っておくことが一般的になっています。

　相互協議の申立ては，国家間で生じた二重課税についての紛争解決手段として納税者に認められた権利ですが，協議を行う両国に合意する義務はなく，場合によっては協議が決裂し，二重課税が解消されない可能性はあります。特に中国や東南アジアの新興国との協議は困難を極めるケースも少なくなく，協議の相手国によっては二重課税を解消できる可能性が高いとは限りません。また，課税金額が数十億円となれば，協議の決裂によるダメージも大きいことから，協議が決裂した場合には課税の取消しを求めることができるよう，相互協議の申立てと不服申立ての両方を同時に申請することが可能です。

　相互協議はいずれかの国で還付を受ければ二重課税が解消されるのに対して，不服申立てや訴訟などの国内救済措置の場合，課税の全部取消しの場合でしか完全に二重課税は解消されず，一部取消しの場合には二重課税部分が残ってしまいます。そのため通常は相互協議を優先して行い，協議が終了するまでの間は不服申立てを延期し，協議が決裂した場合に不服申立てを開始することとなります。

② 課税を受けないためのグループ内移転価格ルールの設定

(1) 移転価格ポリシーとは

　移転価格課税を防ぐ最良の方法は，移転価格ポリシーを構築し，それを文書化（文書化については③を参照）することです。移転価格ポリシーとは，本社と海外子会社や海外子会社間同士などのグループ間取引において，どのような取引価格の設定方法をとるかについての方針を決め，それに準じて各取引の取引価格を決定していくことをいいます。

ここで，海外子会社との取引価格の設定については移転価格税制に基づく必要があるため，移転価格税制に準拠した取引価格設定ルールを設けなければなりません。

移転価格課税は，移転価格税制に基づいた算定結果と，取引実績値との差額を更正するものであるため，取引価格の設定が移転価格税制に即したものであれば課税を受ける可能性はかなり低くなります。税務当局と見解の相違が生じる可能性をゼロにすることは困難ですが，海外子会社にできるだけ利益を帰属させるような無理な設定をしなければ，問題が生じる可能性は最小化できるものと考えられます。

(2) 移転価格ポリシーの設定順序

移転価格の設定は，取引を行う各海外子会社の活動内容や，その海外子会社の所在国における経済状況・利用できる比較対象取引情報によっても設定方法が異なることから，優先順位を付けて，順番に対応していくことが一般的です。順番としては，課税リスクが大きい子会社として，売上規模が大きい子会社から対応するのがよいと考えられます。日本本社との取引金額の大きさも重要ですが，本社以外のグループ会社との取引も現地では移転価格課税の対象となるうえ，製造子会社などの場合には，売上全体について無形資産の供与に係るロイヤルティの問題などもあることから，基本的には売上規模の大きな子会社が潜在的な移転価格課税リスクが高いと考えられます。また，利益水準が他の子会社よりも高い海外子会社や，逆に赤字を継続的に計上しているような海外子会社についても取引価格の設定ルールを見直す必要があるでしょう。こうしたリスクの高い海外子会社との取引から順次見直し，最終的にはすべての海外子会社との取引についてルールを策定することが望ましいと思われます。

(3) グループ各社との取引価格ルールは国・取引ごとに要検討

移転価格ポリシーの構築にあたっては，どの移転価格算定方法を採用するかにもよりますが，基本的には現地の独立企業である比較対象会社の選定を行う

必要が生じます。比較対象会社の選定ステップは，世界中の企業の事業内容や財務データが搭載されたデータベースの中から消去法で選定していくのが一般的で，所在地や産業分類などから母集団を選定し，そこから活動内容の異なる会社を除外し，最終的に最も類似性が高いと考えられる会社を複数社選定することとなります。

　ここで，各海外子会社の比較対象会社を選定するにあたっては，地理的状況がある程度同じ会社を選ばなければならないことから，例えば子会社がアジア，欧州，米国などの異なる地域に所在する場合には，それぞれ別々に比較対象会社を選定しなければなりません。場合によってはASEAN諸国や北米，西欧などの一定の地域にグルーピングして検証を行うことが可能な場合もありますので，専門家に相談のうえ，効率的に進めることが有用であると考えられます。

(4) 社内での情報共有

　移転価格ポリシーが策定された後は，それを運営していかなければなりません。経理部や経営企画部など，移転価格についてよく理解している部署の人員だけでなく，実際の取引価格の設定を行う営業担当者や，海外子会社への出向者などにも十分に移転価格税制について理解してもらうことが重要です。一般的なセミナーへの参加や，社内での勉強会などにより移転価格税制への理解を深め，全社的に対応していくことが望ましいと考えられます。

(5) 社内規定の策定

　会社によっては人事異動などで移転価格の担当者が代わっていく可能性があります。移転価格税制は特殊な分野であることから，担当が代わるとキャッチアップするのが難しくなる場合があります。

　後述する移転価格文書化や社内規定の整備により，担当が代わっても円滑に運営していけるよう，準備をしておくことが望ましいと考えられます。

(6) 移転価格の運営

　移転価格ポリシーを策定した後は，設定されたルールに従って取引価格を設定・修正していくこととなります。

　ここで，グループ間で取引を行う製品の価格を定期的に見直していく必要性が出てきます。これまでは，特に海外子会社が赤字の場合や利益水準が低い際に，日本からの販売価格を下げる調整や，仕入価格を上げる調整を行う場合には，それを海外子会社への利益の補てん・資金援助として寄附金課税を主張されるケースがありました（特に移転価格税制について理解のない調査官が担当となる一般の法人税調査など）。しかし，現在では以下のとおり通達も整備され，移転価格税制に基づいた合理的な取引価格の修正は，寄附金とはならないことが明記されています。

> ■移転価格事務運営要領（価格調整金等がある場合の留意事項）
> 2-20　法人が価格調整金等の名目で，既に行われた国外関連取引に係る対価の額を事後に変更している場合には，当該変更が合理的な理由に基づく取引価格の修正に該当するものかどうかを検討する。
> 　当該変更が国外関連者に対する金銭の支払又は費用等の計上（以下「支払等」という。）により行われている場合には，当該支払等に係る理由，事前の取決めの内容，算定の方法および計算根拠，当該支払等を決定した日，当該支払等をした日等を総合的に勘案して検討し，当該支払等が合理的な理由に基づくものと認められるときは，取引価格の修正が行われたものとして取り扱う。
> 　なお，当該支払等が合理的な理由に基づくものと認められない場合には，当該支払等が措置法第66条の4第3項の規定の適用を受けるものであるか等について検討する。

　ただし，期末に一括でその年の取引価格を遡及して修正することにより金銭の授受を行うと，本当に適切な移転価格への対応であるのかを疑われ，文書化資料等の合理性を立証するものがない場合，寄附金とみなされる可能性がありますので，注意が必要です。あくまで設定した移転価格ルールに基づいた形で合理的に取引価格の修正を行う必要があります。

また，取引価格を事後的に修正すると関税の修正申告が必要になる場合もあり，関税上問題になるケースも散見されることから，できる限り期中に取引価格を修正し，期末に遡及して取引価格の修正を行うことは極力避けたほうが問題になりにくいものと考えられます。

③ 税務調査に備えた移転価格文書化

　移転価格税制に係る税務調査においては，国外関連者との取引に係る事実関係を詳細に確認し，前提条件を確定したうえで，所得配分の適正性について検証していくこととなります。

　基本的に移転価格の算定は，1つの事実に対して1つの答えがあるべきですが，税務当局と納税者との間で，事実関係の認識の違いや解釈の違いによって算定結果が異なる場合があります。特に，国外関連者間取引についてグループ間契約や取引価格設定ルールの文書化がなされていない場合，税務当局としては一般的な経済原則から事実関係を推定せざるを得ないため，納税者の主張が認められない可能性が高くなります。

　したがって，国外関連者との取引については，無形資産の所有関係を含め，グループ間契約や取引価格設定ルールを文書として事前に取り決め，保存しておくことが重要です。移転価格の分析は事実関係の解釈によって算定結果が異なってくるため，活動実態と文書化された内容が相違ない限り，税務当局としても文書化された内容を最大限尊重すべきと考えられます。

　本節では，移転価格の文書化について，その意義から，文書の中に含めるべき内容について解説します。

(1)　平成22年度税制改正による具備すべき資料の明確化

　以前から移転価格調査においては，移転価格の検証にあたって必要な資料の提出を求めており，移転価格の文書化規定は近年新しくできたものではありません。ただ，過去の規定においては，どのような資料を具備すべきかが明確に

なっておらず，企業としても対応に困る面があったことから，平成22年度税制改正により具備すべき資料が明確化されました。また，その明確化と同時に，求められる資料の提出がなされない場合には，推定課税というみなし課税を行うことができることも明確化されました。

■租税特別措置法66条の4の6（推定課税）
　国税庁の当該職員又は法人の納税地の所轄税務署若しくは所轄国税局の当該職員が，法人にその各事業年度における国外関連取引に係る第一項に規定する独立企業間価格を算定するために必要と認められる書類として財務省令で定めるもの（…）又はその写しの提示又は提出を求めた場合において，当該法人がこれらを遅滞なく提示し，又は提出しなかつたときは，税務署長は，次の各号に掲げる方法（第二号に掲げる方法は，第一号に掲げる方法を用いることができない場合に限り，用いることができる。）により算定した金額を当該独立企業間価格と推定して，当該法人の当該事業年度の所得の金額又は欠損金額につき法人税法第二条第三十九号に規定する更正（以下この条において「更正」という。）又は同法第二条第四十号に規定する決定（第十七項において「決定」という。）をすることができる。
　一　当該法人の当該国外関連取引に係る事業と同種の事業を営む法人で事業規模その他の事業の内容が類似するものの当該事業に係る売上総利益率又はこれに準ずる割合として政令で定める割合を基礎とした第二項第一号ロ若しくはハに掲げる方法又は同項第二号に定める方法（同項第一号ロ又はハに掲げる方法と同等の方法に限る。）
　二　第二項第一号ニに規定する政令で定める方法又は同項第二号に定める方法（当該政令で定める方法と同等の方法に限る。）に類するものとして政令で定める方法

　移転価格税制に係る調査にあたっては，課税の執行が不可能とならないよう，文書化資料の準備がない場合には税務当局が一方的に課税することを制度上認めています。
　反対に，移転価格文書化資料がある場合，税務に関するコーポレートガバナンスのレベルも高いと評価される可能性が高く，文書の内容と実際の移転価格

の運営が適正になされていれば，本格的な移転価格調査に入る可能性自体が低くなるものと考えられます。

以下調査において求められる資料を列挙し，各資料について解説します（なお，通常，専門家が作成する移転価格文書化資料では，レポート形式により以下の内容を含んだ数十ページの資料を作成することとなります）。

① 国外関連取引の内容を記載した書類

> イ）当該国外関連取引に係る資産の明細および役務の内容を記載した書類

解説＞国外関連者と取引する製品のカタログや，取引する原料・材料などがどのようなものであるかを説明する資料が該当します。

> ロ）当該国外関連取引において法人および当該法人に係る国外関連者が果たす機能ならびに当該国外関連取引において当該法人および当該国外関連者が負担するリスク（為替相場の変動，市場金利の変動，経済事情の変化その他の要因による当該国外関連取引に係る利益または損失の増加または減少の生ずるおそれをいう。）に係る事項を記載した書類

解説＞日本本社と国外関連者が研究開発や原料仕入，製造，マーケティング，販売など，製造から販売までのバリューチェーンにおいて，各法人がどのような活動を行っているのか，あるいは在庫リスクや為替リスクといった事業リスクをどの法人が負っているのかについての説明を記載した書類を準備します。

> ハ）法人または当該法人に係る国外関連者が当該国外関連取引において使用した無形固定資産その他の無形資産の内容を記載した書類

解説＞国外関連者等に製造技術の供与や特殊な販売ノウハウの提供など，何らかの無形資産の供与がある場合には，その内容を記載した書類を準備します。

例えば海外子会社に技術の供与がある場合，ただ単に供与する技術の内容を記載するだけではなく，日本本社でどのような体制で開発活動が行われており，その結果どのような技術が生み出されたのか，またその技術を用いてどのような製品が製造されているのか等についても記載したほうが税務当局の理解も得られやすいものと考えられます。

> ニ）当該国外関連取引に係る契約書または契約の内容を記載した書類
> ホ）法人が，当該国外関連取引において当該法人に係る国外関連者から支払を受ける対価の額または当該国外関連者に支払う対価の額の設定の方法および当該設定に係る交渉の内容を記載した書類

解説 グループ間契約書に取引価格の設定方法が記載されている場合には契約書を準備し，契約書とは別に取引価格の設定方法を定めた覚書等があればそれを準備します。そのような取引価格の設定ルールを記載した資料がない場合は，どのようなステップで取引価格が決定されているのかがわかるように資料に記載します。

> ヘ）法人および当該法人に係る国外関連者の当該国外関連取引に係る損益の明細を記載した書類

解説 移転価格税制は取引単位により検証が行われるため，海外子会社単体での損益情報だけではなく，取引別に損益を計算しておく必要があります。例えば，日本本社から海外の製造子会社に対して製品の販売と原材料の販売を行っているのであれば，これらの取引は分けて損益を計算し，日本本社がどの程度利益を取っているのか，また，海外子会社が各取引でどの程度利益を獲得しているのかがわかるように示す必要があります。移転価格の分析においては，これを切り出し損益と呼んでおり，この切り出し損益を毎期作成のうえ，取引ごとの利益配分をチェックしていくことで適切な移転価格運営を行っていく必

があります。

> ト）当該国外関連取引に係る資産の販売，資産の購入，役務の提供その他の取引について行われた市場に関する分析その他当該市場に関する事項を記載した書類

解説 グループ間での取引価格やその取引から得られる利益は，取引を行う市場の状況によって異なります。競合他社の状況や市場でのシェア，代替品の存在など，販売価格や利益に影響を及ぼすと考えられる市場の要因について分析し，書類に記載します。場合によっては，こうした市場の状況による価格・利益への影響を定量化し，移転価格の算定に反映させることも考えられます。

> チ）法人および当該法人に係る国外関連者の事業の方針を記載した書類

解説 企業によっては事業戦略上，市場でのシェアを上げるために数年間は利益を犠牲にして販売価格を下げる戦略をとることや，広告投資を行う場合もあれば，反対に高付加価値製品を高価格で販売することでブランド力を高めるなど，事業の方針によって価格や利益の性質も変わってきます。そのため，そのような特別な事業方針等があれば，それを移転価格の検証においても加味する必要がある可能性があるため，その内容を資料に記載します。税務調査においては，単純に類似の独立企業と比較するだけではなく，こうした事業戦略も含めて移転価格の適正性を検証していくこととなります。

> リ）当該国外関連取引と密接に関連する他の取引の有無およびその内容を記載した書類

解説 国外関連者と取引される製品については，どのような単位で移転価格の検証を行うべきかを検討する必要があります。例えば，刃を取り替えて使用す

るカミソリのメーカーが海外子会社にカミソリの刃を販売しており，柄の部材については現地で仕入販売している場合などが考えられます。このような場合，海外子会社は製品の販売にあたって，柄の部分では赤字となっていても刃の販売により利益をあげるような価格設定を行っているケースもあります。このように，海外子会社と取引される製品について，それらを分けて検証すべきか一体として検証すべきかの判断ができるように各取引の関係性等について資料に記載します。

② **国外関連取引に係る独立企業間価格を算定するための書類**

> イ）当該法人が選定した独立企業間価格算定の方法およびその選定の理由を記載した書類その他当該法人が独立企業間価格を算定するにあたり作成した書類

|解説| 移転価格文書化資料において，これ以下の部分（移転価格算定方法の選定とその算定結果）が最も重要であり，これ以前の部分で記載された事実関係に基づいて，適切な移転価格算定方法を選定し，その理由を記載します。移転価格税制においては法令上定められた算定方法がありますが，どの方法を採用してもよいわけではなく，取引ごとに最も適した算定方法を選定し，その最適な算定方法（ベストメソッド）に基づいて移転価格の算定を行う必要があります。

> ロ）当該法人が採用した当該国外関連取引に係る比較対象取引の選定に係る事項および当該比較対象取引等の明細を記載した書類

|解説| 具体的な移転価格の算定にあたっては，通常，比較対象となる独立企業間取引の情報または類似の独立企業（比較対象企業）を選定し，その財務データをもとに計算を行う必要があります。移転価格文書化資料では，この比較対象の選定方法および選定結果を記載する必要があります。また，添付資料とし

図表4-2　比較対象会社の選定ステップ

```
潜在的な比較対象会社の所在国・産業分類を選定
          ↓
独立企業以外の会社を除外 　　　　　株式の過半数を他社に持たれている会社等を除外
          ↓
異なる市場で活動する会社を除外 　　取引段階(卸売・小売等)や製品の販売先市場が異なる場合や，属する市場の状況が異なる会社を除外
          ↓
事業規模が異なる会社を除外 　　　　売上高，費用，資産等から見た事業規模等が大きく異なる会社を除外
          ↓
事業活動の内容，取扱製品等が異なる会社を除外 　会社の果たす機能や負担するリスク，製品製造に係る製造工程などが異なる会社を除外
          ↓
比較対象会社として選定
```

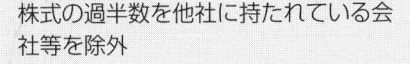

て選定された比較対象に係る事業内容や財務データを提示する必要があります。この比較対象会社の選定については，専門のデータベース等を使用することから納税者が自ら準備することが難しく，通常は移転価格の文書化資料全体の作成を専門家に依頼するのが一般的となっています。なお，比較対象会社の選定ステップとしては，実務上，以下のような手順で行われることとなります。

　選定のステップについては，母集団となる会社の数や入手可能な情報によって異なる場合もあるため明確に決められた選定方法はありませんが，移転価格の検証にあたって取引価格や利益水準等に大きな影響を及ぼすと考えられる要素については，一定の類似性をもっていることが求められます。そのため，少なくとも**図表4-2**のステップで示したような内容については，比較可能性に

関して検討をしておく必要があります。

　また，用いられる専門のデータベースについては，数万社の世界中の企業の事業内容や財務データが納められており，その中から消去法で海外子会社等の類似企業を選定していく形式が一般的です。ここでデータベースに関して，特定のデータベースを使用しなくてはならないという規定はありませんが，税務当局が使用するデータベースは，企業データの網羅性が高いものを使用していますので，情報のカバー率の低いデータベースを使用した場合，納税者が選定した結果と税務当局が選定した結果が異なってしまう可能性が出てきます。また，移転価格税制では，課税を受けた場合等に取引相手国の税務当局と国家間協議（相互協議）を行うこととなりますが，ここでも用いられる情報に違いがあれば，協議を行う土台が変わってきてしまう可能性があります。そのため移転価格の実務においては，税務当局と同等の情報をカバーしているデータベースを用いて比較対象会社の選定を行う必要があります。

　こうしたデータベースでは，通常，特定の条件を指定すると，それに合った企業の事業内容や財務データを表示することができます。具体的には，まず検証対象となる海外子会社等の所在する国と同等の経済状況にある地域を指定し，その中から同じ産業に属する企業として，産業分類コード等に基づいて同業種の会社を選定します。また，そこで選定された場集団について，各企業の属する産業や事業内容等を詳細に確認し，事業内容や経済条件が異なる企業を除外していきます。最終的に選定される会社の数に決まりはありませんが，公開されている企業情報の中から最も信頼性が高いと判断される企業として，5社から10社前後の比較対象会社が選定されるケースが多いものと思われます。

　なお，「現地の同業他社を比較対象とすればよいのでしょうか？」という質問を受けることがあります。もし，海外子会社所在国に同業の独立企業があり，その財務データも含めて公表されているようであれば，比較対象会社として使用できる可能性もあります。しかし，まず同業他社といっても，競合グループの現地子会社では使用できません。移転価格税制の趣旨が，「独立企業間価格」の算定にありますので，計算に使用する比較対象会社については，支配関

係のない独立企業であることが必要です。また，その比較対象とする会社が，いくつかの事業を行っており，競合となる事業の割合が小さすぎる場合も，比較対象として使えない場合があります。そのような場合には，税務当局が調査の際にデータベースを用いて比較対象会社の再選定を行った結果，移転価格課税を受けることになる可能性はあると思われます。多くの場合，こうした現地の独立企業の公開財務データをデータベースの使用なしに取得することは難しいのではないかと考えられます。

> ハ）当該法人が利益分割法を選定した場合における当該法人および当該法人に係る国外関連者に帰属するものとして計算した金額を算出するための書類

解説　選定した移転価格算定方法が利益分割法（比較利益分割法，寄与度利益分割法，残余利益分割法）でない場合には，この記載は必要ありませんが，利益分割法を最も適切な移転価格算定方法として採用した場合には，その算定に係る利益分割割合の計算方法およびその根拠を記載します。

なお，移転価格算定方法の中で，寄与度利益分割法については比較対象を用いずに算定できることから，明確な理由なく寄与度利益分割法を採用しているケースがみられます。しかし，税務調査において寄与度利益分割法の適用が認められるケースは限定的であり，かなり特殊な事業形態や特定の業種以外では認められない可能性が高いため，安易に用いないように注意が必要です。また，同様に残余利益分割法の採用にあたっても，海外子会社が重要な無形資産（または独自の機能）を有しているのかについて慎重な判断が必要となるため，注意が必要です。

> ニ）当該法人が複数の国外関連取引を一の取引として独立企業間価格の算定を行った場合のその理由および各取引の内容を記載した書類

解説 前述の①「リ）当該国外関連取引と密接に関連する他の取引の有無およびその内容を記載した書類」の解説でも記載したとおり，移転価格の検証にあたっては，原則として取引別に分けて検証する必要がありますが，場合によっては複数の取引を合算して一の取引として検証するほうが合理的である場合があります。

　一方で，このような合算での検証を安易に認めてしまうと，問題がある取引同士を相殺することで移転価格の問題を見えなくするようなことも考えられることから，合理的な理由がなければこうした合算での検証は認められません。したがって，合算での検証を主張するのであれば，その合理的な理由を記載する必要があります。

> ホ）比較対象取引等について差異調整を行った場合のその理由および当該差異調整等の方法を記載した書類

解説 比較対象取引の選定にあたっては，入手可能な公開データを使用することとなりますが，入手できる情報には限界があり，必ずしも十分な類似性（比較可能性）を備えた比較対象取引や比較対象会社の情報が得られるとは限りません。そのため，検証対象となる国外関連者との取引と比較する際，一定の差異のある比較対象取引の情報を使用せざるを得ないことも多いのが実情です。しかし，そのような差異のある比較対象のデータをそのまま使用することに問題がある場合には，当該差異による影響を取り除くため，調整計算を行うことがあります。

　例えば，海外子会社は現金取引で顧客に販売しているのに対し，比較対象会社は掛取引により販売しているような場合には，その取引価格および利益には金利相当額の差異が生じることが考えられます。このような場合，金利の影響を加味する調整計算を行うことがあります。

　このように，調整計算を行う場合には，その理由と調整計算の方法について

（2） ただ準備すればよいというわけではない文書化の真意

　平成22年度税制改正を境に，移転価格の文書化資料が明確に求められるようになりましたが，規定に定められた文書を準備すれば，それだけで課税を防げるわけではありません。移転価格文書化資料は，自社の移転価格設定が適正であることを説明するための資料ではありますが，税務当局による検証の結果，取引の実績値が異常な状態である，または価格の設定方法が移転価格税制に準拠していない場合は，いくら理屈をつけたとしても認められるとは限りません。

　移転価格課税リスクを低減するには，あくまで適正な移転価格ポリシーを構築し，それに従って移転価格の運営を行い，そのうえで移転価格文書化資料を準備しなければならない点に留意が必要です。

（3） 本社主導の文書化資料作成の必要性

　海外子会社の所在地国によっては，移転価格文書化資料を準備していない場合は罰金が科されるケースもあります。そのため，日本で移転価格文書化資料を準備していないのに，海外子会社だけ文書化資料を準備しており，さらに本社でその内容を把握していないケースもみられます。しかし，こうした海外子会社主導の文書化には注意が必要です。海外子会社側で移転価格文書化資料を準備する場合，海外子会社所在国において納税が十分であることを立証することを目的としていることから，海外子会社側の納税が適正な移転価格算定結果と比較して過剰な状態にあるという内容の文書が作成されているような例も少なくありません。このような場合，海外子会社側の税務調査においては問題なくとも，日本の税務調査においてその資料の提出を求められた場合，不利な結果を導く恐れがあるため注意が必要です。

　また，前述のとおり，ただ文書を準備することには意味がなく，移転価格ポリシーの構築とあわせて文書化を行うことで，本社が取引価格の設定を管理し，運営していくことが重要であると考えられます。

144　第4章　二重課税の解消方法と課税を受けないための対策

（4）文書化資料の更新

　移転価格文書化資料は，原則としては毎年更新していく必要があります。中国や米国においては，毎年の申告所得が移転価格税制に準拠していることを立証できるように，申告書の提出から数カ月の間に毎年移転価格文書化資料を準備することが求められています。

　日本の場合，移転価格文書化資料を毎年作成することを義務づけてはいませんが，移転価格運営にあたって必要となる比較対象のデータについては毎年更新されるため，移転価格文書化資料もできる限り毎年更新することが望ましいと考えられます。

　ただ，移転価格文書化資料の作成にはデータベースの使用料や専門家への業務報酬等のコストもかかることから，国外関連者の活動内容や経済状況に大きな変化がない場合，リスクとコストを鑑みて3年に一度程度の頻度で更新を行うケースもあります。

（5）日本以外の国での移転価格文書化規定への対応

　移転価格の算定方法および分析の方法は世界各国で基本的には同じことから，各国で求められる移転価格文書化資料の内容についても基本的には同じです。国によっては事実関係を説明する資料について，より詳細な情報を求めている場合もありますが，一部の資料が足りないからといって，文書化資料を準備していないものとみなされる可能性は低いと考えられます。もちろん，国ごとに現地の専門家のレビューを受けながら各グループ法人が移転価格文書化資料を具備するほうがよいとは考えられますが，多額のコストが生じてしまううえ，それほどのコストを負担するメリットは大きいとは限りません。

　コストと効果を考えると，本社主導で移転価格文書化資料を準備し，必要に応じてそれを海外子会社の現地語に翻訳して具備しておくことが有用であると考えられます。

（6） 移転価格文書化資料の世界共通フォーマット

　移転価格の文書化規定については，近年各国が義務化を進めていますが，多くの海外子会社を擁する大企業にとっては，国ごとに移転価格文書化資料を作成していては，グループ全体で重複した形で多額のコストがかかってしまいます。一方で，前述のとおり，移転価格の分析にあたって必要な情報については基本的にどこの国であっても同じことから，移転価格文書化資料のフォーマットを各国で統一しようという動きがあります。現在のところ，日本，米国，オーストラリア，カナダの4カ国により文書化資料の共通化が進められています。これら4カ国は移転価格税制の歴史も古く，世界でも最も経験値の高い国々でもあることから，このフォーマットは今後世界的な基準となっていくものと考えられます。

　以下参考として，国税庁の仮訳として平成25年度に公表された移転価格文書化パッケージについて掲載します。

> **参考**　環太平洋税務長官会議（PATA）移転価格の文書化に関するパッケージ（仮訳）
>
> 1　イントロダクション
>
> 　PATA参加国（オーストラリア，カナダ，日本および米国）は，移転価格上の文書化に関する統一的パッケージ（以下「ドキュメンテーション・パッケージ」と呼ぶ）を公表する。これによって納税者は，このドキュメンテーション・パッケージに記された基準に従ったすべての文書を準備することにより，それぞれの国の法律上で要求された基準を満たすことができる。納税者によりドキュメンテーション・パッケージを利用することは，強制ではなく，PATA参加国の法律により課せられる以上の法的義務を課せられない。このことについては，それぞれの参加国は移転価格に関して異なった法律体系，法令，規則，行政慣行を有していることに留意すべきである[1]。関連取引[2]に関する文書化と関連する移転価格に関する自国の法律を再検討した後，PATA参加国は，多国籍企業（以下，

「MNE」と呼ぶ）が，このドキュメンテーション・パッケージに包含される原則の全てに一致させることにより各PATA参加国の文書化条項を満たし，PATA参加国の管轄内の関連企業者間での文書化取引に関しては，PATA参加国の移転価格罰則[3]の賦課を避けられることに同意する。しかしながら，このドキュメンテーションの原則を満たすことは，PATA参加国の課税当局が，移転価格の更正を行うこと，およびこの更正により利息を徴することを妨げるものではない。

このドキュメンテーション・パッケージは，多国籍企業が複数国の行政要件と法律に適合するのは困難であるということに応えるものである。多国籍企業は，異なった課税管轄の移転価格の文書化基準に合致するために費用のかかる二重の行政要件に直面する。この統一的なドキュメンテーション・パッケージを適用する選択肢を用意することにより，納税者が効率的に有用な移転価格に関する文書を準備・保存し，課税当局の求めに応じてより迅速に文書を提出することおよび移転価格上の罰則の回避が可能になると考える。なお，このドキュメンテーション・パッケージは，OECD移転価格ガイドラインの第五章に記された文書化に関する一般原則と整合的なものとなっている。

2 ドキュメンテーション・パッケージ

このパッケージの適用を選択した納税者が各国の移転価格上の文書化に関する罰則を回避するためには，3つの原則を満たす必要がある。

① 多国籍企業は，課税当局の決定したルールに従い，独立企業原則に則った移転価格の設定のために十分な努力を行うこと。

② 多国籍企業は，独立企業原則に従った移転価格設定を行う過程で同時文書（Contemporaneous documentation）を作成し，保存すること。

③ 多国籍企業は，課税当局の求めに応じ，迅速に文書を提出すること。
以下に各基準の詳細を示す。

A 独立企業原則に則った移転価格設定のための努力

　最初の原則は，納税者は，独立企業原則に則った移転価格の設定のために十分な努力を行う必要がある。その努力には，国外関連取引の分析，独立の第三者間で行われた比較対象取引の選定，PATA参加国の移転価格ルール，関連条約，OECD移転価格ガイドラインに則った各国の移転価格税制に基づく合理的な移転価格算定手法の選定・適用を行うことが含まれるが，これらに限定されるものではない。

B 独立企業原則に従った移転価格設定を行うための同時文書

　第二に，納税者は，独立企業原則に従っていることを合理的にかつ同時に文書化する必要がある。同時文書は，関連取引の価格が独立企業間価格に沿っているかどうかを判断するのに必要な情報を納税者に提供することにより，調査過程における納税者と課税当局の助けになる。また，その文書は課税当局に国外関連取引に関する分析を行う上で有益な資料を提供し，移転価格上で生じる可能性のある争いを減少させる。また，同時文書とは，その対象となった取引が行われた時点で存在していた文書，あるいは各国の規定に基づく納税申告書の提出期限（延長が行われた場合には延長期限）までに作成された文書で，その間に生じた取引に関連する情報を含んだものをいう。

　ドキュメンテーション・パッケージの第二の基準を満たす文書は，別表に掲げられている[4]。一般に独立企業原則に基づく検討は，国外関連取引に関与する関連者，対象となる取引，関連する事実，資産やリスク分析，独立の同業他者からの情報を基に行われる。納税者は独立企業間原則に従っていることを示すため，必要に応じPATA参加国所在の関連者間取引に係る文書を準備し，保存する必要がある。ドキュメンテーション・パッケージに従って保持され，準備された移転価格文書は，納税者が合理的にPATA参加国の移転価格ルール，関連条約，OECD移転価格ガイドラインに則った独立企業間価格を算定する算定手法を適用し，選択することを結論付けた証拠を示すために，十分な内容のもの

でなければならない。

　多国籍企業の文書内容を検討する場合，各PATA参加国の税務当局は，すべての事実および状況を考慮する。それには，例えば，信頼性のあるデータが合理的に適用可能か，合理的に分析が行われているか，納税者の移転価格問題の重要性および複雑性といったものが含まれる。

　PATA参加国の課税当局は，多国籍企業の取引が独立企業間原則に則っているかどうかの検討に必要である場合，別表に掲げられてない付加的な情報を要求することができる。

C　独立企業原則に従った移転価格の設定が行われたことを示す文書の提出

　三番目の原則は，納税者は，このドキュメンテーション・パッケージによる罰則回避の恩典を受けるために，前述の文書を課税当局の求めに応じて迅速に提出する必要がある。PATA参加国の要求により，PATA参加国の関連ルールに一致して，課税当局に提出される必要がある。文書の提出は，それぞれの国の文書提出に関する規則に従って行われる必要がある。PATA参加国は，その国が関わる取引に関してのみ，国内法および関連する条約によって提出されるものとして，PATAドキュメンテーションを請求できる。一般に，文書を移転価格調査の初期の段階で迅速に調査官に提出することは納税者のためにも有益である。なぜなら，法人はそれによって自らの移転価格が課税上適正であることを示すことができるからである。納税者により提出される情報の機密保持は，情報公開に関する国内法および条約に則って保護される。

納税者によって提出される必要のある移転価格上の文書

　PATA参加国の移転価格上の罰則規定を回避するためには，納税者は，自らが行った移転価格の設定に関する分析および独立企業原則に従ったものであることを正確かつ完全に示すに足る質を有した文書を保存し，または要求に応じ適時に作成する必要がある。以下の文書が完全に

網羅されていると考えられる。すなわち，これは，このパッケージにより移転価格ペナルティの軽減を受けさせるために必要とするものとしてPATA参加国の課税当局が考えている全ての文書を含んでいる。しかしながら，ある場合には，以下の文書のあるものについては，必要とされないものもある。例えば，納税者が費用分担契約や市場浸透戦略を行っていない場合，そのような契約や戦略に関する文書は必要とされない。

資本関係・取引関係	国外関連取引に参加する国外関連者及びその関係(沿革及び重要な資本関係の変更を含む。)また，直接・間接に国外関連取引の価格設定に影響を与える取引を行っている関連会社も含む
	グループ企業の全世界的構成の概略(組織図を含む)，文書化対象取引に対して独立企業間価格を決定することに関係があり得る取引に従事している全ての関連企業を含む
事業・産業の特色及び市場の状況	事業の概要(納税者の沿革，納税者の事業が属する産業，事業に影響を与える一般的な経済的・法的要因，販売市場等)
	関連企業間における関連取引の目的とその特性を理解させる程度の事業計画
	国外関連取引が行われた際の内部手続，管理部署
	納税者の資産やサービスの価格に影響を与える経済的・法的要因
	市場の構造，同業他社の数，関連する競争の度合い
	関連取引における納税者の資産とサービスの価格設定に関連し得る無形資産の種類，内容
	当該パッケージの年分と前5年分の年次報告書，財務諸表の写し
	関連取引に関する機能，使用資産，リスク分析
	取引に関連する者の資本関係の説明(例えば，差し引き残高，借入出所及び出資形態)
国外関連取引	(取引に関連する資産・役務提供の内容，及びそれらに付随する資産や無体財産権に関する事項，関

	連取引の取引当事者，範囲，時期，頻度，種類，価格（関連する地理的市場における全ての関連取引を含む。），さらに使用通貨，取引の契約条件，当事者での他の取引での取引条件との関係
	関連取引に関連する内部データの名称
	関連する企業間契約書の写し
前提条件，事業戦略，経営方針	事業戦略及び裁判中の特殊状況に関係する情報，例えば移転価格の決定に影響を与える法人の事業戦略，相殺取引，市場浸透戦略，販売チャンネルの選択
	納税者が，市場浸透戦略を取っている場合には，その戦略を取るにあたって事前に十分な分析が行われたこと，その戦略が合理的な一定期間だけ行われること，及びその戦略により生じた費用がそれぞれの関連者の予測利益の額に応じて合理的に配分されていることを示す文書
	納税者の価格設定及び企業グループ全体の価格設定方針に影響を与える要因に関する前提条件その他の情報
費用分担契約[5]	組成時の費用分担契約書の写し（改訂があれば改訂に係るものも含む。），及びその費用分担契約に関して参加者間で締結されたその他の契約に係る契約書の写し
	契約参加者，及び費用分担契約から利益を受ける他の関連企業のリスト
	費用分担契約に係る成果物を関連企業である契約非参加者が利用する場合，その使用可能な程度，使用する場合の対価
	費用分担契約の具体的内容（契約に基づいて行われる活動の内容，及び既存の，あるいは今後開発される予定の無形資産の内容や種類）
	費用分担契約の成果物に対する各参加者の持分
	契約の存続期間
	参加者の新規加入及び脱退の際の手続（例えば，バイイン・バイアウト対価）及び契約の修正・廃止

		に関する手続
		契約に基づき参加者が支出する金銭等の総額
		参加者が支出する金銭等の価額，支出形態（試験研究活動によるものを含む）及び，その金銭等の価額の測定方法とその際に用いられる会計基準の適用方法
		それぞれの参加者の金銭等の支出額を決定する際に用いられる方法，予測便益の測定方法及びその前提となる条件，理論，及びその方法を採用した理由を含む。
		参加者が支出する金銭等の額や参加者の予測便益の決定に際し用いられる統一的な会計基準（外国通貨の換算方法等），及びその基準がPATA参加国で認められた会計基準と異なっている場合には，その差異に関する説明
		費用分担契約から生じるそれぞれの参加者の予測便益の額，予測便益の分配方法，及びその前提となる条件や理論
		予測便益と実際便益に重要な差異が生じ，将来の予測便益の測定に用いられる前提条件が修正されるとき，その修正の対象となる前提条件及び修正後の前提条件を記録した文書
		調整的支払（予測便益と実際便益の差異を調整するための支払等）に関する事項
比較可能性，機能・リスク分析		比較対象取引の具体的内容，例えば，有形資産の場合にはその形状，品質，入手可能性等。役務提供の場合にはその種類や範囲等，無形資産の場合には取引形態，資産の種類，付与される無体財産権及びその無形資産の使用から生じる予測便益等）
		第三者間取引において取引価格や利益に影響を与える要因を示した文書
		納税者による比較可能性の検討の際に用いた要素，取引対象となる資産や役務の性質，両者の果たす機能（その機能が取引の頻度・性質・価額に対して有する重要性，使用される資産の内容），使用資産（使用年数，市場価値，使用場所等を考慮する），両

	者の引受けるリスク（市場リスク，金融リスク，貸倒リスクを含む。），契約条件，事業戦略，経済状況（例えば，地理的場所，市場規模，競争の程度，代替製品や代替的役務提供の入手可能性），需要・供給の程度，政府の規制の状況，製造原価，等），その他の特殊な要因）
	比較対象取引の選定に用いられた基準（データベースからの抽出基準，金額基準を含む）
	内部比較対象取引
	比較対象取引に対して行われた差異調整（とその調整を行った理由）
	取引・比較対象企業のグルーピング（複数取引をグルーピングしたものを比較対象取引とするもの）に関する分析
	代替的な移転価格算定方法
	幅を用いる場合は，当該幅に係る説明資料
	複数年度のデータを基に分析が行われた場合には，その理由
移転価格算定方法の選択	選択した算定手法とその手法を選択した理由，その選択の際の基礎となった経済分析・経済予測を含む
	検討された方法とデータの説明，移転価格を決定するのに実施された分析，代替手法が採用されなかった説明
算定手法の適用	独立企業間価格決定の過程で置かれた前提条件や行われた判断（「比較可能性，機能・リスク分析」の項目を参照）を記録した文書
	納税者及び比較対象双方に関しての差異調整及び選択された手法の適用の際に行われたすべての計算を記録した文書
	関連する機能と状況に重要な変化があり，それを調整するために本年度に必要とする昨年度の文書をアップデートした文書
補助的資料	移転価格上の分析を行うにあたって基礎とした文

	書，及び補足・参照した資料
文書目録	文書の目録及び文書の分類方法等文書管理方法の概略（アメリカにおいては法律上の要求事項である。他のPATA参加国では法律上の要求事項ではないが，推奨されている）。文書の目録は同時文書と同時に作成する必要はない。

1　例えば，PATA参加国は，自国の法律の中にそれぞれの方法で「OECD移転価格ガイドライン」の5章に則った移転価格文書化のガイダンスを組み入れている。ある参加国は，OECD移転価格ガイドライン§5.4の「慎重な事業経営の原則（prudent business management principle）」を適用したり，保有している文書が独立企業間価格に従って納税者が合理的に移転価格を導き出すことを決定するのに重要性があるかどうかを評価することにより判断している国もあり，また，その両方を採用している国もある。

2　PATA参加国の移転価格文書化条項に更なる変更を反映するために，このドキュメンテーション・パッケージの変更が必要になるかもしれない。ドキュメンテーション・パッケージへのそのような変更は，PATA参加国により同意され，修正ドキュメンテーション・パッケージの効力発生日以前に利用可能である。国内法の時間的制約により，変更に係る同意が間に合わないために，この合意から一時期または恒久的に離脱しなければならない場合は，その離脱の効力が発生する前に，その旨を他のPATA参加国に通知するとともに公表する。

3　オーストラリア，カナダ及びアメリカは，PATAドキュメンテーション・パッケージの原則に則って作成した文書の場合は移転価格に関するペナルティが免除できる規定を有している。移転価格罰則に関する条項としては，次ものがある。
オーストラリア－2000-2001課税年度以降についてはthe Tax Administration Act 1953　284条，1999-2000課税年度以前についてはthe Tax Administration Act 1936 225条の罰則規定。
カナダ－he Income Tax Act 247(3)条罰則規定。
アメリカ－I.R.C§6662の実質的虚偽申立てによる税金の不払いに関する罰則規定及び§6662(e)(1)(B)(ⅰ)及び(ⅱ)，§6662(h)(2)(A)のグロス評価虚偽申立ての規定。

4　別表は，文書化の項目に区分されている。その項目は，当該文書に関係する移転価格分析の分類にその文書をグループ分けをするようにしている。項目は順不同であり，それぞれの項目の重要度に従って並べられたものではない。

5　現在，日本及びオーストラリアの税法上では費用分担契約に関して特別な取扱いを定めた規定はない。

4 課税リスクをゼロにする事前確認申請

　移転価格税制においては，事実関係の認識や法令の解釈によって算定結果が異なる可能性があるため，課税リスクを極限まで低減することはできてもゼロにすることは難しいと考えられます。そうしたなか，国外関連者との取引規模が数十億円や数百億円となる場合，移転価格課税を受けてしまうと数億円以上の追徴税額が生じる可能性もあり，企業としては将来的なキャッシュ・フローの予測ができなくなってしまいます。そのため，グループ間での取引価格の設定方法について税務当局から承認を取ることで，承認された移転価格設定方法に従っている限りは移転価格課税を行わないという約束を得る事前確認（Advanced Pricing Agreement，略してAPAとも呼ぶ）という制度があります。

　移転価格課税リスクをゼロにするには，事前確認を取ることが最も有効な手段といえますが，その取得には長い期間とコストがかかるのが実情です。

　本節では，事前確認申請の概要について解説し，特に中堅企業にとっての利用可能性について説明します。

(1) バイラテラルAPA

　事前確認申請には，取引相手国との国家間協議（相互協議）を伴うバイラテラルAPAと申請国のみから確認を取るユニラテラルAPAの2種類があります（グループでの取引国が3カ国にまたがる場合には3カ国間APAなども理論的には可能ですが，実務上，3カ国間APAが取られるケースはほとんどありません）。

　バイラテラルAPAは，申請国と取引相手国の双方に将来年度の移転価格設定方法について確認申請を行い，両国がその内容で合意すれば申請の対象となった年度に関しては両国で移転価格課税を受けることはなくなります。通常，バイラテラルAPAの申請期間は3年から5年とされるため，向こう5年間は

移転価格課税を受けないことが保証されることから，確認を得た取引に関しては実質的に移転価格課税リスクはゼロになります。

　バイラテラルAPAは移転価格課税リスクをゼロにする唯一の方法といえますが，その取得には相応の期間とコストがかかります。後述するとおり，申請書の作成から提出までに半年以上を要し，協議には2年前後の期間がかかります。この事前確認の取得にあたっては納税者が単独で行うことは難しく，通常は専門家に依頼することとなりますが，取引を行う両国で専門家が必要となるため，事前確認の取得までにかかるコストは少なくとも数千万円はかかります。そのため，バイラテラルAPAを行うのは，取引規模が数十億円から数百億円で課税リスクも数億円以上の取引でなければコストのほうが大きくなってしまうため，主に大企業のための制度であるといえます。

（2） ユニラテラルAPA

　ユニラテラルAPAとは，事前確認申請を行う1カ国のみで確認を取る制度です。取引相手国からは確認を取らないため，バイラテラルAPAと比べて取引相手国側でのリスクは残りますが，申請国で合意が得られれば申請国での移転価格課税リスクはなくなります。

　これまで移転価格課税の対象が大企業中心だったこともあり，APAの申請を行う企業は国外関連者との取引規模が大きく，数千万円程度のコストよりも課税リスクのほうがはるかに大きかったことから，事前確認といえばバイラテラルAPAが主流でした。

　しかし，近年では移転価格課税の対象が中小・中堅企業に移ってきていることから，バイラテラルAPAの取得にはコストがかかりすぎるができる限り課税リスクを低減したいという企業のニーズはあるのではないかと思われます。取引相手国での課税リスクが残るとはいっても，移転価格税制の算定方法や理論は取引相手国でも同じであることから，一方の国で確認が取れるような合理的な算定方法であれば，実質的には取引相手国での課税リスクも相当低減できるものと考えられます。

ユニラテラルAPAは相互協議を伴わない分，バイラテラルAPAと比べてコストと期間も半分以下で可能であることから，特に中小・中堅企業にとっては，メリットは大きいものと考えられます。

特に近年では海外取引の主役が中国・東南アジアやインドなどの新興国に移ってきていますが，こうした国との相互協議は難航しており，バイラテラルAPAの取得は難易度が上がっているため，申請をしても確認が取れるかどうか不安定な状況もあります。こうした背景から，今後はユニラテラルAPAの重要性が高まっていくものと考えられます。

（3） 事前確認申請の現状

事前確認申請は，これまで大企業を中心に利用されてきました。租税条約に基づいて申請される相互協議の中で事前確認申請の占める割合は高く，相互協議の申立件数に比例して事前確認を申請する企業の件数は右肩上がりで伸びてきており，今後も増加または高い水準で推移することが見込まれています（**図表4－3**参照）。

前述のとおり，ユニラテラルAPAは日本国内で確認を行うものであるため，日本の税務当局が申請内容を検証し，その内容に合意できれば確認を得ることができますが，バイラテラルAPAの場合は相互協議により取引相手国の合意も同時に得る必要があります。中国や東南アジア諸国との相互協議が難航しているという状況はあるものの，**図表4-4**のとおり，申請数の増加とともに処理件数（合意件数）も比例して増えており，申請された事前確認については高い確率で合意に至っているとも考えられます。特に海外売上高の割合が高い企業グループにとっては，移転価格課税が経営に影響を及ぼす可能性もあるため，事前確認の取得は今後も重要な手段の1つとして機能していくものと考えられます。

なお，相互協議が行われた事案における取引相手国の内訳を見ると，**図表4-5**のとおりとなっており，米州が最も多く，次にアジア・太平洋（オースト

4 課税リスクをゼロにする事前確認申請　157

図表4-3　相互協議の申立件数とそこに占める事前確認申請の件数の推移

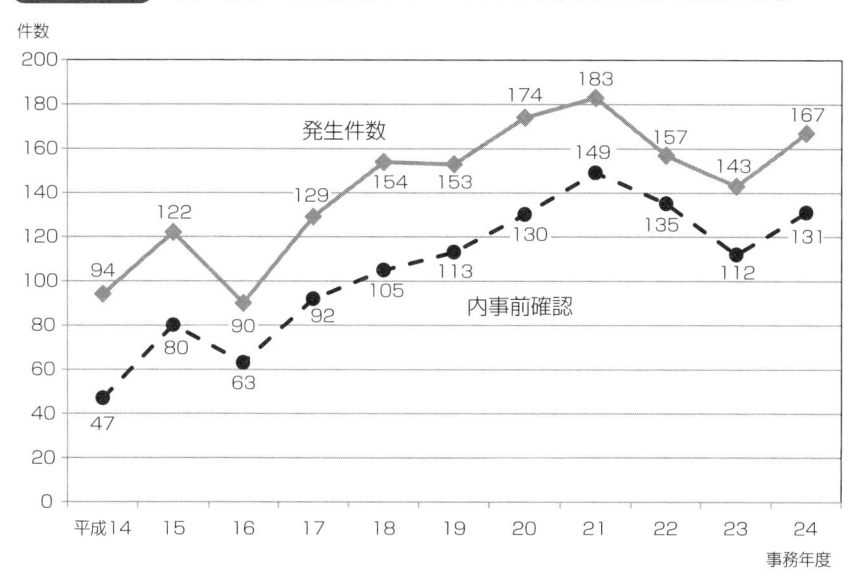

発生件数: 平成14: 94, 15: 122, 16: 90, 17: 129, 18: 154, 19: 153, 20: 174, 21: 183, 22: 157, 23: 143, 24: 167

内事前確認: 平成14: 47, 15: 80, 16: 63, 17: 92, 18: 105, 19: 113, 20: 130, 21: 149, 22: 135, 23: 112, 24: 131

図表4-4　相互協議の処理件数とそこに占める事前確認申請の件数の推移

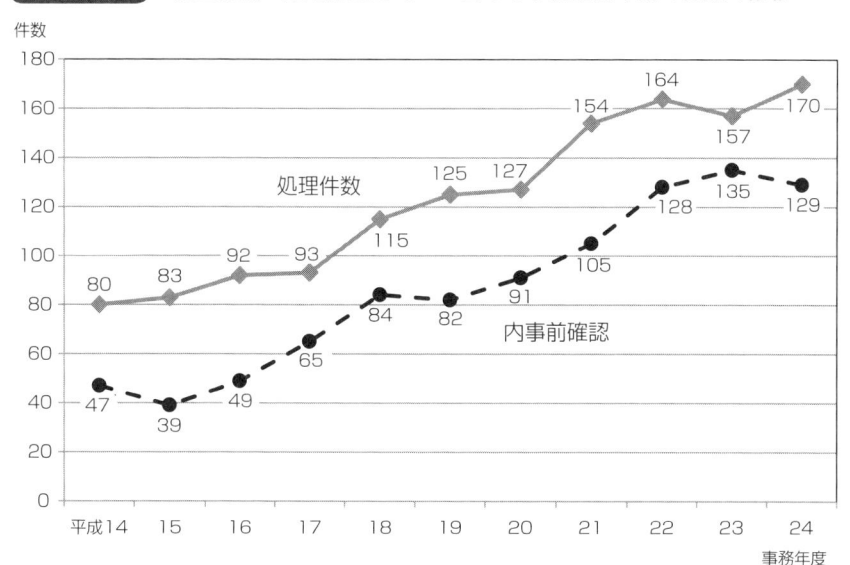

処理件数: 平成14: 80, 15: 83, 16: 92, 17: 93, 18: 115, 19: 125, 20: 127, 21: 154, 22: 164, 23: 157, 24: 170

内事前確認: 平成14: 47, 15: 39, 16: 49, 17: 65, 18: 84, 19: 82, 20: 91, 21: 105, 22: 128, 23: 135, 24: 129

（出所）図表4-3，4-4ともに国税庁のホームページでの公開情報より筆者作成。

図表4-5　相互協議・取引相手国の内訳

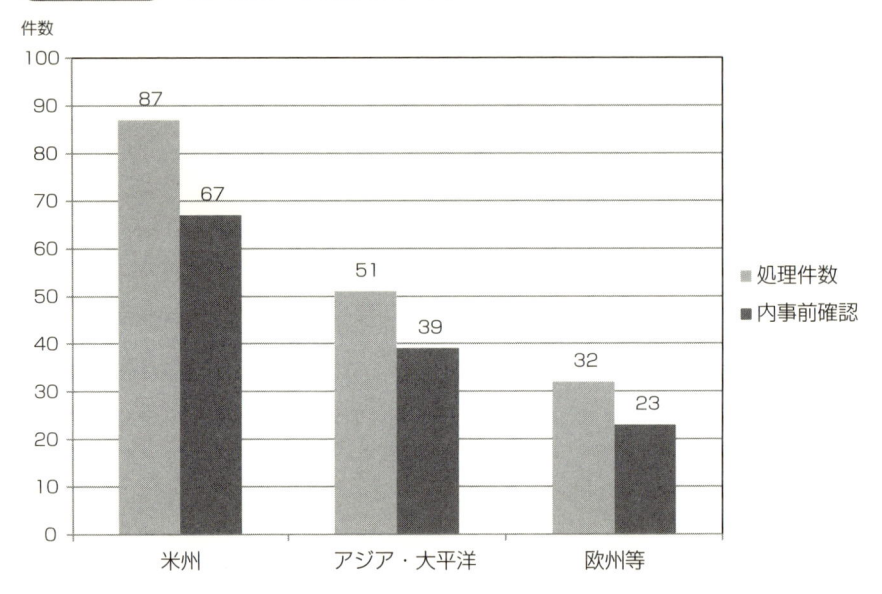

件数

地域	処理件数	内事前確認
米州	87	67
アジア・大平洋	51	39
欧州等	32	23

（出所）国税庁のホームページでの公開情報より筆者作成。

ラリア等），欧州等の順となっています。

　また，相互協議について，平成24事務年度の処理事案1件当たりに要した平均期間は，困難な事案が多かったこともあり29.3カ月と長期化しましたが，例年では概ね2年程度となっています。

（4）　過去の課税に対する相互協議と事前確認の同時申請

　事前確認申請を行うケースとして実務的に多いのは，過去の課税に対する相互協議と，将来年度の取引価格の設定に関する事前確認申請を同時に行うというものがあります。

　日本または取引相手国で過去年度に関して税務調査が入り移転価格課税を受けた場合，二重課税状態が生じることとなり，その解消のためには相互協議を行う必要があります。相互協議にあたっては，その課税の際に算定された価格設定・所得配分が適正か否かが協議され，場合によっては一部修正がなされ，

両国の合意のうえで適正な価格設定方法が導かれます。多くの場合，過去の取引とその後数年間の取引内容や事業活動の内容が大きく変わることがないため，過去の課税に係る相互協議の際に，同時に将来年度の価格設定方法についても合意を得ておいたほうが効率的です。そのため，例えば過去5年間の取引について移転価格課税を受けた場合，その5年間の二重課税に係る相互協議と，将来3年から5年の事前確認申請に係る相互協議を同時に進めるということも可能です。

　移転価格課税を受けて相互協議を申し立てるのであれば，同時に事前確認の申請もしておいたほうが，両者を別々に行うよりもコスト，期間ともに半分程度で済むため，積極的に利用したほうがよいものと考えられます。申立件数に占める事前確認申請の割合が高いのは，このように課税に係る相互協議と事前確認申請が同時に申し立てられているためであると考えられます。

(5)　事前確認の対象期間とロールバック

　事前確認申請は，基本的には今後行う取引に関して，取引価格の設定方法を税務当局から確認を取る制度ではありますが，上記のように，過去課税を受けた年度の相互協議と同時に将来年度の事前確認を行うことも可能です。また，課税を受けていない場合でも，過去年度における課税リスクをなくすため，取引価格の設定方法について税務当局に確認をしてもらい，それを過去年度にも遡って確認を受けることをロールバックと呼んでいます。事前確認申請で申請した算定方法を過去年度に適用した結果，問題なければそのまま過去年度については調査および課税を行わないことが約束され，また仮に算定結果と過去の実績値がズレていれば，事前確認で申請した算定方法に引き直した形で両国の所得配分を調整し，二重課税がない形で両国の納税額を修正することもできます。ただし，ロールバックについて修正が生じる場合，取引両国で税の還付および追加納付が生じるため，バイラテラルAPAでなければこのロールバックを行うことができません。

　なお，事前確認を行う相互協議室と，調査を行う国際情報一課ではファイヤ

ーウォールが敷かれており，ユニラテラル APA を申請した結果，過去年度の取引について移転価格上問題があると判明したとしても，その情報をもとに調査に入ることはなく，相互協議の申立てが納税者にとって不利にならないようになっています。

補　章
留意すべき近年の個別論点

1 平成25年度の税制改正によるベリー比の導入について

　平成25年度税制改正で，移転価格税制における独立企業間価格の算定にあたって，いわゆる「ベリー比」（売上総利益／販売管理費）を使用することが認められることとなりました。もともとベリー比とは，米国で行われたデュ・ポン社への移転価格課税の適否に関する裁判（以下，「デュ・ポン社ケース」という）において，課税対象となったスイス子会社との取引に係る利益水準を検証する際，課税庁（IRS）側の鑑定人であった経済学者Charles H. Berry氏が提案した利益水準指標です。その後，ベリー比は米国の移転価格実務や事前確認申請（APA）などを中心に用いられるようになり，近年では専門家の間でも周知される指標となりました。以下，参考として，米国における事前確認制度（APA）において用いられた利益水準指標の件数を見てみると，ベリー比は多くの事案で実務上使用されていることがわかります。

【米国のAPA（利益比準法を適用したケース）において用いられた利益水準指標】
有形資産および無形資産取引

	2011年度	2010年度	2009年度	2008年度	2007年度
売上高営業利益率	30	55	30	38	43
ベリー比	3	5	14	9	16
総費用営業利益率	7	≦3	7	6	13
使用資産営業利益率	≦3		7	≦3	5
売上高総利益率	≦3		≦3	≦3	10
その他	≦3	5	≦3	≦3	

役務提供取引

	2011年度	2010年度	2009年度	2008年度	2007年度
売上高営業利益率			≦3	5	≦3
ベリー比	≦3	≦3	≦3	≦3	5
総費用営業利益率	8	46	11	8	12

使用資産営業利益率		5	≦3	≦3	≦3
売上高総利益率			≦3		
その他				5	

(出所) Announcement and Report Concerning Advanced Pricing Agreementより筆者作成。

　こうしたなか，2010年版OECDガイドラインでも，ベリー比が移転価格検証において利用可能な利益水準指標の1つとして加えられたことから，わが国においても平成25年度の税制改正で，利益水準指標としての使用が認められることになりました。

　ベリー比は，一般に販売業者の利益水準の検証に用いられるものとして知られている面がありますが，すべての販売業者の検証に適用されるわけではありません。ベリー比の適用にあたっては，今後も議論がなされることと思われますが，ここでは当初ベリー比が提案されたデュ・ポン社ケースを参照することで，その意義を確認し，そのうえで移転価格実務での使用に関する論点として私見を述べていきたいと思います。

(1) デュ・ポン社ケースでベリー比が用いられた背景[1]

　米国に本社を置く世界的な化学品メーカーであったデュ・ポン社は，欧州での製品販売にあたって，スイスに販売統括子会社（以下，「DISA」という）を設立し，欧州市場における物流管理等を担わせていました。また，米国本社からDISA以外の欧州子会社に製品や原料を販売する場合，商流上，すべてDISAを経由することとし，DISAは本社からの仕入販売についてマージンを計上していました。

　このように欧州でのすべての製品販売について形式的にDISAを介することで，欧州での販売製品に係る利益の一部がDISAに落ちることとなっていたた

---

(1) 参考文献：2006年12月『国際移転価格の経営学』中村雅秀氏著
　　　　　　：Journal of Global Transfer Pricing (June-July 1999) Charles H. Berry
　実際のデュ・ポン社ケースでは，さまざまな争点がありますが，ここではベリー比の使用に関する部分のみに限定して例示しています。

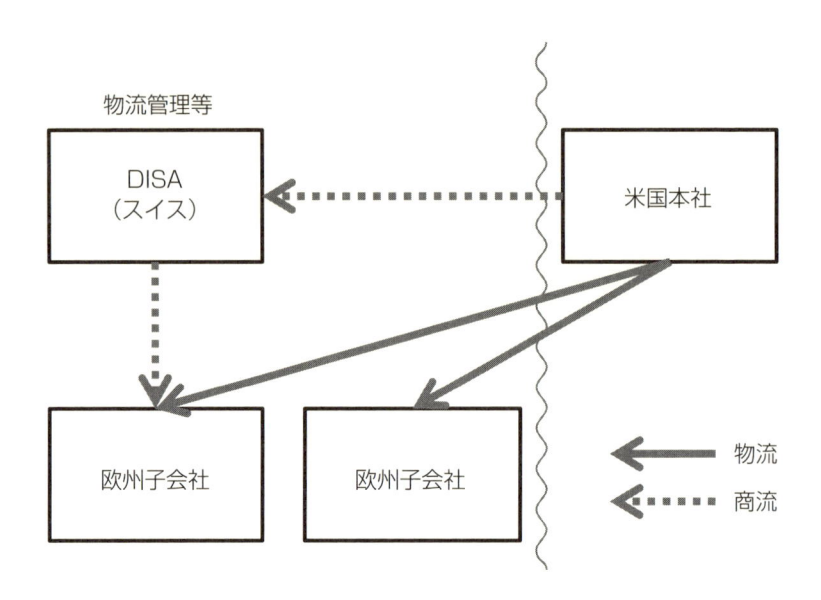

164　補章　留意すべき近年の個別論点

```
物流管理等
  ┌─────────┐              ┌─────────┐
  │  DISA   │ ←---------   │ 米国本社 │
  │ (スイス) │              │         │
  └─────────┘              └─────────┘
       ↓                   ↙     ↙
       ↓              ↙       ↙
  ┌─────────┐    ┌─────────┐
  │欧州子会社│    │欧州子会社│
  └─────────┘    └─────────┘
```

← 物流
←---- 商流

め，実際の物流が通らないDISAは，擁する人員やコストに比して大きな売上と利益を計上することとなっていました。

　上記取引に対し，IRSはデュ・ポン米本社からのDISAに対する所得移転であるとして移転価格課税を行い，デュ・ポン社はこれを不服として裁判を起こしました。この裁判で，課税庁側の鑑定人であったBerry氏は，DISAに配分された利益が独立企業原則に即したものであるか否かを検証することを求められました。

　まず，上記のとおりDISAは，一般的な製品の仕入販売を行う販売業者とは異なり，DISAを経由して販売される製品は基本的にスイスへは輸送されず，物流上は欧州の関連者に直接届けられていました。そのためDISAは，この棚卸資産の販売取引においては，物流管理およびインボイス処理等の業務サービスを提供しているのみでした。ここでBerry氏は，DISAの活動内容は在庫リスクを負って仕入販売を行う通常の販売業者ではなく，「物流管理等を行う役務提供者」ととらえました。

　通常の販売業者の獲得する利益は，販売する商品の内容や販売量，すなわち

売上高に比例すると考えられることから，その利益水準を検証するにあたっては，売上高に対する売上総利益の割合（粗利率）や，同じく売上高に対する営業利益の割合（売上高営業利益率）等を用いるケースが多いものと考えられます。一方で，DISAのように実質的な在庫リスクを負わず販売先も決まっているような，単純な仲介業者・役務提供者としての性格が強いと考えられる事業者について，売上高をベースにあるべき利益水準を検証すると，不合理な（DISAに過大に利益が配分される）結果となる可能性があります。つまりDISAは，その限定的な役務活動の対価として，多額の売上総利益をサービスフィーとして得ているものと考えられました。

そのため，DISAのあるべき利益水準を検証するにあたり，当時も認められていた原価基準法の変形として，DISAの役務活動原価である販売管理費と，その対価と考えられる売上総利益の関係からあるべき利益水準を検討することとし，「売上総利益／販売管理費」（販管費に対してどれだけの粗利益をあげているか）の比率が用いられ，これが後にベリー比と呼ばれることとなりました。

(2) ベリー比の意義

上記の背景からもベリー比の使用は，実態として役務提供者といえるような販売業者などの検証を行う際，原価基準法に準ずるものとして用いられるべきものと考えられます。すなわちベリー比の意義は，こうした役務活動の検証にあたり，その移転価格算定に係る分母（マークアップベース）に商品価値を含めないことにあると考えられます。DISAのように形式的に商流を介することで多額の売上高・売上原価が計上されるような取引においては，売上高や，売上原価を含んだ総費用に比例させてDISAの計上すべき利益を考えることは不適切であるといえます。したがって，売上原価・売上高（商品価値）を所得配分算定の際の分母には含めず，純粋な活動原価であるととらえられる販売管理費と，その対価である売上総利益の関係からDISAの得るべき対価を導くことは適切であると考えられます。

単純化して考えるため，DISAと比較対象となる独立の卸売業者の財務デー

タを以下のように仮定してみます。DISAは実際の活動原価となる販売管理費に比して売上高が非常に大きい状況にあり，一方で比較対象会社は通常の卸売業者としての人員・設備を有し，売上高に見合った販売管理費を計上しているとします。

	DISA		比較対象会社
売上高	100,000		10,000
売上原価	95,000		9,000
売上総利益	5,000		1,000
売上高総利益率	5.0%	<	10.0%
販売管理費	500		500
営業利益	4,500		500
売上高営業利益率	4.5%	<	5.0%
ベリー比	10.0	>	2.0

　上図の仮定値から，DISAと比較対象会社の売上高総利益率および売上高営業利益率を比較すると，DISAは比較対象会社に比べて利益水準は高いとは判断されず，DISAの得ている利益水準は類似の独立企業よりも高いものではないように見えます。一方で，DISAは実際の活動費用である販売管理費に比べて非常に大きい売上を計上しているため，ベリー比により計算すると，比較対象会社に比べて非常に高い利益の配分を受けていることがわかります。上記の例では，DISAと比較対象会社の比較可能性の議論もあるかと思われますが，少なくともDISAは，実態の活動に比べて高い利益を計上していると判断できるものと考えられます。

　DISAの例のように，売上や売上原価をマークアップベースに含めて検証することに問題がある場合には，ベリー比が有用となるケースがあるものといえます。特に国外関連者が海外での販売活動を開始したばかりの段階などにおいては，海外の販売先はすべて本社側の営業活動によって決められており，現地販社は仲介機能が主な役割といったケースも多いように思われます。そのため，特にグループ間の所得配分を司る移転価格税制での分析においては，ベリー比の利用が有用なケースもあるものと考えられます。

(3) OECDガイドラインが求めるベリー比使用の要件

　ベリー比は，使用する場面を間違えると誤った結論を導く可能性があるため，OECD移転価格ガイドライン2010年版（パラグラフ2.101）では，ベリー比の使用にあたって以下の①〜③の事項を満たす必要があると言及しています。

> ①　関連者間取引で遂行された機能の価値（使用された資産および引き受けられたリスクを考慮する）が営業費用に比例していること

|解説|検証対象となる国外関連者の活動内容が，営業費用（販売管理費）に応じて対価・報酬の水準が決まるような場合については，ベリー比は有用であると考えられます。通常，在庫リスクを負わない単純な仲介業などの役務提供を行う者は，売上高に応じて対価を得るというよりは，その役務活動に係る労働時間や必要人員およびその活動に係る設備費等に応じて対価を得るものと考えられ，それらの活動の結果は営業費用（販売管理費）として計上されるためです。

> ②　関連者間取引で遂行された機能の価値（使用された資産および引き受けられたリスクを考慮する）が販売された製品の価値によって重要な影響を受けていない，すなわち，売上に比例していないこと

|解説|在庫リスクを負い，自ら販売先を開拓するような販売業者については，いったん製品を買い取り，そのうえでリスクを負って販売活動を行うため，販売数量や取扱い製品の需給関係・市場動向によって獲得する利益も変わってくるものと思われます。このように，検証対象となる国外関連者の活動内容が，単純に労働時間や人員に比例して対価を得る性格の事業ではなく，販売される製品の内容によって獲得する利益が影響を受ける事業である場合には，ベリー比を使用すべきではないと考えられます。このような場合には，ベリー比よりも売上高を基準とした売上高総利益率や売上高営業利益率を使用することが適

切であると考えられます。

> ③ 納税者が，関連者間取引において，その他の方法または財務指標を用いて報酬が支払われるべき他の重要な機能（例えば，製造機能）を遂行していないこと。

解説 ベリー比は，「売上総利益／販売管理費」の式によって計算されることから，販売管理費が当該事業者の総活動原価を表すことを前提としています。したがって，国外関連者が仕入れた製品に対して何らかの加工を施すなど製造機能等を有している場合や，会計上の問題などで売上原価の中に活動原価が含まれてしまう場合には，ベリー比を使用すると売上原価に含まれた活動原価を加味することができない可能性があります。したがって，検証対象となる国外関連者がそのような機能を有している場合には，ベリー比の使用は適切ではありません。また同様に，比較対象会社の選定においても，そのような製品に対する付加価値活動を行う事業者は除外すべきものといえます。

（4） ベリー比の製造業への応用の可能性（パススルーコストの取扱い）

ベリー比の当初の意図が，検証対象となる国外関連者への帰属利益を計算する際，移転価格算定の基準となる分母から商品価値を除外することであったことから，Berry氏はこの考え方を製造業のケースに応用できる可能性について示唆していました[2]。この点については，OECDガイドライン（パラグラフ2.93～2.94）においても述べられており，利益の要素が帰属しない材料原価などのパススルーコストは利益水準指標の分母から除外すべき場合があることが述べられています。すなわち，実際の活動原価を表さないと考えられる親会社からの有償支給品原価や原材料費など，そのまま受け流される部分のいわゆるパススルーコストは，総原価基準法における総原価から控除すべき場合がある

---

(2) 同上 Charles H. Berry

のではないかということです。特に，こうした原材料原価が総費用に占める割合が大きい場合，原価基準法等に基づいて移転価格を算定すると，(2)のDISAのケースと同様に過剰な利益が配分されてしまう可能性があるためです。ただ，理論的にはそのようにも考えられますが，そのコストが実際の第三者間取引においてパススルーコストとして扱われるべきものであるかどうかの判断自体は慎重に行う必要があります。また，検証対象者（国外関連者）のパススルーコストを利益水準指標の分母（マークアップベース）から除外する場合，同様に比較対象会社のパススルーコストもマークアップベースから除外する必要がありますが，比較対象となる独立企業については原料原価等の公開情報がないケースが多いことから，その適用可能性については限定的であるといえます。そのため，製造業については多くの場合，やはり総原価基準法が用いられることが多いものと考えられます。

(5) 比較可能性の論点と今後の実務におけるベリー比の使用にあたって

Adobe裁判[3]においては，日本法人が仲介業において得るべき対価について争われましたが，その議論の中で，役務提供者とみなされる日本法人について，比較対象会社となる類似の独立企業の公開情報は稀にしか存在しないことが言及されています。したがって，日本に所在する役務提供会社に分類されるような仲介業者等については，比較対象会社を選定することが困難となることが予想されます。また，この状況は海外においても同様と考えられ，リスクを全く負わない仲介業者のような単純な業態の独立企業の公開データ（上場企業等の公開財務データ）が存在するケースは稀であると思われます。

一方で，在庫リスクを負ったフルフレッジの販売業者や，販売業とは活動内容が大きく異なるサービス業者などを比較対象とみなして，これらの会社の財務データをもとに移転価格の算定を行うことも，比較可能性の観点から問題が

---

(3) 編注：月刊国際税務2009年3月号所収「アドビ移転価格事件 東京高裁判決の検討」（西村あさひ法律事務所／弁護士・ニューヨーク州弁護士 太田 洋氏・同手塚 崇史氏著）参照。

ある場合もあるものと考えられます。実務においては，何らかの比較対象会社を選ばざるを得ないケースも想定されますが，より比較可能性を高めるため，検証対象者と「営業費用/売上高」の割合が類似するような会社を比較対象として選定することで対応する方法なども考えられます[4]。

いずれにしても，今後の実務においては再販売業者等について機械的にベリー比を使用せず，検証対象となる国外関連者の活動内容および親会社等とのリスク分担などの詳細な機能・リスク分析を行い，事実関係を明確にしたうえで，比較対象会社との比較可能性を慎重に検討することが重要であるといえます。

また，ベリー比は利益法をベースとする比較的先進的な考え方であり，かつ算定結果として売上高の大きな販売子会社の利益率が抑えられる傾向のある指標であると考えられますが，特にアジア諸国など移転価格の歴史の比較的浅い国などにおいては，その適用を認めないケースも出てくるように思われます。今後の実務での使用にあたっては，これらのことも総合的に勘案しつつ，使用を検討する必要があるものと考えられます。

---

(4) 2007年7月『移転価格税制―二国間事前確認と無形資産に係る実務上の論点を中心に―』山川 博樹氏著 P.90参照。

2 新興国と先進国での利益の帰属に関する最近の議論（ロケーションセイビングとマーケットプレミアム，グループシナジーの取扱いについて）

　移転価格税制においては，グループ間での取引を独立企業間で成立するであろう価格で行うことが求められており，その検証にあたっては海外子会社等の各取引に係る利益水準を類似の独立企業（比較対象会社）の利益水準と比較することを基礎として分析が行われてきました。ここで，比較対象会社の選定にあたっては，通常，データベースに登録されている企業母集団の中から消去法で最も類似性の高い会社を選定する方法がとられるため，そもそもの母集団に類似性の高い企業の情報が登録されていない場合，最終的に選定される企業は検証対象となる海外子会社等と所在国が異なる，または属する市場が異なるケースもあり得ます。原則としては利益水準に重要な影響を与えると考えられる諸条件について十分な比較可能性を有する企業を選定しなければなりませんが，移転価格の実務においては何らかの比較対象を選定しなければ移転価格算定の出発点に立てない面があることから，所在地国や市場が多少異なっていたとしても，ある程度経済条件が類似していれば，これを比較対象会社として選定せざるを得ない状況が想定されます。

　しかし，比較される両者の所在地国・地域が異なれば，雇用する人員の人件費水準が異なる可能性があり，利益水準の比較に重要な影響が生じる場合があります。また，事業を行ううえで必要な電気代や水道代などのインフラコスト等も所在地国・地域によって異なる場合もあるでしょう。このように事業活動を行う所在地における諸条件の違いによりコストが低く抑えられることをロケーションセイビングと呼び，そこで生じた利益（差異）がどの法人に帰属すべきかが議論されてきました。

　また同様に，比較される両者の属する市場が異なる場合，一方の市場では需要多寡で価格競争が相対的に低く，他方の市場では供給多寡で価格競争が激しければ，両者が同じ製造活動や販売活動を行っていたとしても比較分析にあた

って重要な差異が生じるケースもあります。このように，ある市場に属する企業に比べ，相対的に有利な市場のおかげで追加的に生じる利益のことをマーケットプレミアムと呼び，その利益がどの法人に帰属すべきかが議論されてきました。

　また前述のとおり，グループ間取引を独立企業間価格で行うことを求める移転価格税制の性格上，グループに属する海外子会社等と類似の独立企業を比較することとなりますが，グループ企業はグループ全体として利益を最大化することを目的としていることから，グループによるシナジー（相乗効果）を追求することで独立企業に比べて有利な条件で取引を行うことを可能とし，単独の独立企業に比べて高い利益水準を計上できる場合もあります。このように，グループシナジーにより生じた追加的な利益についても，それがどの法人に帰属すべきかが議論されてきました。

　これまで移転価格の実務においては，多国籍企業の本社が多く所在する日本や米国等の技術先進国が議論をリードしてきたこともあり，海外子会社等と比較対象会社との間に利益水準の差がある場合には，その差は親会社が開発した付加価値の高い技術等に起因する超過利益であるとして親会社に帰属すべきと判断されるケースが多かったものと思われます。しかし近年，中国をはじめとした新興国も移転価格の経験を重ねた結果，自国（新興国）に所在する海外子会社等と比較対象会社との利益水準の差が親会社の技術の使用に基づく超過利益だけではなく，ロケーションセイビングやマーケットプレミアムなど比較可能性の問題により生じているものと考え，そうした追加的利益は自国の人件費の低さや市場の需要の旺盛さに起因するものであることから，自国に帰属すべきという主張が強くなってきました。特に新興国と先進国との国家間協議の場においては，こうした差異により生じる利益の帰属に係る議論が長期に及び，協議が進まない一因となっているものと考えられます。

　このようななか，ロケーションセイビングやマーケットプレミアムによる利益の取扱いについては，専門家の間やOECDガイドラインの改訂においても議論の的となっており，先般公表された「OECD移転価格ガイドライン第6章

(無形資産に対する特別の配慮) およびその関連条項の改訂の公開草案」(以下,「新OECDガイドラインディスカッションドラフト」という) においても論じられています。以下では,これらの議論に係る最近の動向を紹介します。

(1) 新OECDガイドラインディスカッションドラフトでの記述

現行のOECDガイドラインおよび日本の移転価格税制では,ロケーションセイビングやマーケットプレミアムなどについて,原則として同様の事業条件下にある比較対象会社を選定することで,その影響を加味することを求めています。比較分析にあたって,こうした事業条件に差異がある場合,調整計算を加えて比較可能性を高めることが求められますが,調整計算に必要となる比較対象会社の詳細なデータを入手することが困難であるうえ,市場環境等の外部要因による利益への影響額を適切に算定すること自体も困難であることから,こうした市場の差異に関して比較可能性を高めるための調整計算を行うことは現実的ではないと考えられています。そのため,比較対象会社の選定プロセスの中で,こうした差異のある企業を除外し,重要な差異のない企業を選定することで解決を図るべきと考えられてきました。

しかし,前述のとおり,問題となるのはそうした差異のない比較対象会社が存在しない,または差異のない比較対象会社のデータを入手することができない場合であり,新OECDガイドラインディスカッションドラフトにおいては,そのような差異のない比較対象会社が選定できない場合について,以下のステップで検討を行うことが示されています。

【ロケーションセイビングによる利益の帰属の検討ステップ】[5]
① ロケーションセイビングが存在するのか否か
② ロケーションセイビングがどの程度の金額生じているのか
③ ロケーションセイビングによって恩恵を受けているのがグループ企業なのか,それとも (販売価格の低下等により) 顧客またはサプライヤー

---

(5) 新OECD移転価格ガイドライン D.6.1.3を参照。

がそれを享受しているのか
④　ロケーションセイビングによる恩恵を顧客またはサプライヤーがすべて享受しているのでない場合，同様の状況下で独立企業であればどの程度ロケーションセイビングの恩恵を受けることができるのか

　こうしてロケーションセイビングが実際に存在するのか否かを確認し，グループ企業が恩恵を受けている金額を測定したうえで，事実関係，事業背景，機能・リスク，保有資産等に基づいて，検証対象となる海外子会社等が独立企業であればどの程度それを享受できたかを検討すべきとしています。
　また，マーケットプレミアムについても同様に，以下のステップで検討することを示しています。

【市場の要因による利益の帰属の検討ステップ】(6)
①　市場の要因によるアドバンテージ（恩恵）またはディスアドバンテージ（不利益）が存在するのか否か
②　当該市場の要因により，それらの影響がない比較対象と比べて，どの程度，売上，費用，利益の増加または減少が生じたか
③　市場の要因による恩恵または不利益が顧客またはサプライヤーにどの程度転嫁されているのか
④　市場の要因による恩恵または不利益が顧客またはサプライヤーにすべて転嫁されていない場合，同様の状況下で活動を行う独立企業であれば，どの程度その恩恵または不利益の配分を受けたか

　ロケーションセイビングおよびマーケットプレミアムについては，それらの条件を加味した比較対象会社を選定するか，差異があれば調整すべきと「あるべき論」にとどまっていた現行のガイドラインに比べ，差異の調整に係る具体的な検討ステップを示したことに前進はみられますが，その利益水準への影響

---

(6)　新OECD移転価格ガイドライン D.6.2.8を参照。

額の具体的な測定方法および販売先への転嫁の程度を測る具体的な方法については示されておらず，依然として議論の余地があるものと考えられます。こうした市場の特殊な要因等により生じる利益の取扱いに関しては，個別性が強いうえ，どのような比較対象会社のデータが入手できるかによっても取扱いが異なるものと考えられることから，OECDガイドラインにおいて明確に計算方法を示すこと自体が困難であるとも考えられますが，代表的な事例を紹介するなどして一定の指針が示されることが望まれます。

（2） 具体的な調整計算方法の例

　マーケットプレミアムの具体的な測定方法の考え方の1つとしては，例えば世界各国の販売子会社を通じて高級ブランド商品を販売する企業グループが，各国で同じ販売方法をとっているにもかかわらず，A国子会社向けの取引では連結で例えば10％の営業利益率を計上し，それ以外の近隣のB国，C国の販売子会社との取引では連結で7％の営業利益率しか獲得できていないとすると，A国市場では一定のアドバンテージがあるものと考えられます。原則としては，A国市場に属し同種の商品を販売する独立の販売会社を選定することで，A国販売子会社が独立企業として得るべき利益水準を算定すべきものと思われますが，そのような比較対象会社の選定ができず，B国やC国市場等に属する比較対象会社のデータしか得られなければ，連結利益の差3％（＝10％－7％）を基準として市場の要因による差異を解消するための調整計算を行うことなどが考えられます。

　ここで，通常，比較対象となるB国販売会社とその仕入先である独立製造会社との利益配分は不明であることから，この連結営業利益率の差3％がA国販売子会社にすべて帰属すべきとは言い切れません。事実関係，事業背景，機能・リスク，保有資産等に基づいて検証対象となる海外子会社等が独立企業であれば，どの程度それを享受できたかを検討していくこととなります。例えば，連結営業利益率の差3％を両者の寄与度に応じて配分し，A国販売子会社に帰属する部分をB国比較対象会社の営業利益率2％に加算することで，A国販売

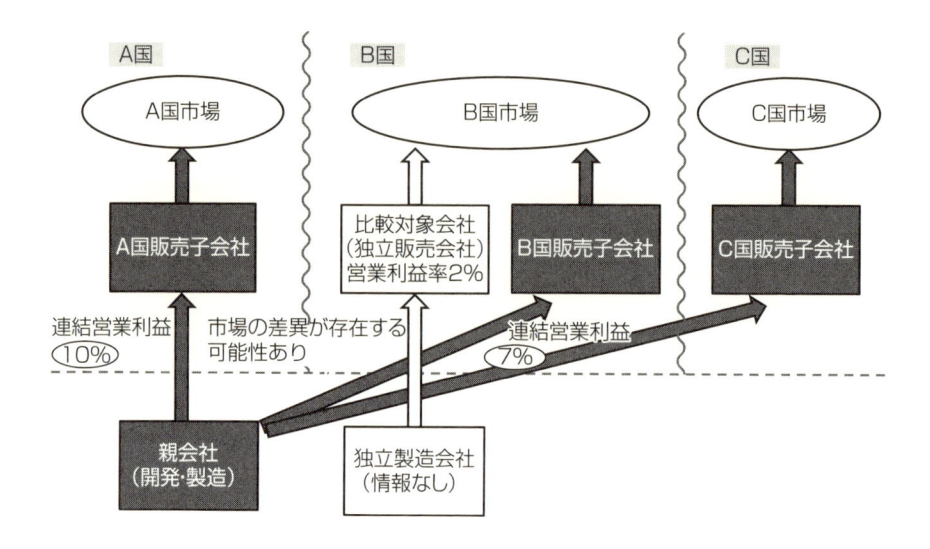

子会社が得るべき利益水準を推定することも1つの方法として考えられます[7]。

　ただし，こうした差異により生じた利益の配分（分割割合）を考えるにあたっては，その分割対象となる利益が技術等の優位性によって生まれたものではなく，マーケット・ロケーションの優位性によって生まれたものであることを十分に考慮する必要があり，残余利益分割法や寄与度利益分割法での分割割合の算定と同様のアプローチでよいのかについては議論があるところです。販売子会社所在国の税務当局としては，そもそも追加的な利益の生じた原因がマーケット・ロケーションの寄与によるものであることから，その利益は所在国に帰属すべきと主張することも予想され，この配分方法については，独立企業原則に基づきながら，今後も議論されていくものと思われます。

（3）　グループシナジーにより生じた利益の帰属

　移転価格税制においては，グループ間取引が「独立企業間価格」で行われた

---

(7) 山川博樹氏によるセミナー「国際課税の執行を巡る最近の動向」（国際税務研究会主催）で紹介された例を参考に筆者解釈。

ものとすることを目的としていることから，海外子会社等への所得配分を検証するにあたっては，類似の独立企業が計上する利益水準を基準として推計することに重きが置かれてきた面があります。しかし，大規模な企業グループに属する海外子会社と，その比較対象となる単独の独立企業とでは，グループシナジーの存在により前提条件が大きく異なる場合があります。例えば，グループ全体で使用される原材料を一括購買することにより仕入単価が大きく低下する場合や，グループで統合されたコンピューターシステム，コミュニケーションシステムによる効率化，重複業務の削減などの規模の経済によるコストの削減等により，独立企業では達成できないコストセイビングが実現される場合などが考えられます。こうした大規模グループに属する企業と，そうしたコストセイビングを実現できない単独の独立企業との間に生じる差異の取扱いについては十分な指針が示されていませんでしたが，先般公表された新OECDガイドラインディスカッションドラフトでは，このグループシナジーにより生じる利益の取扱いについて具体的な例示がなされました。

　現行のOECDガイドラインにおいては，何らかの行動や取引を伴わず，ただ単に企業グループに属しているだけで付随的な便益（incidental benefit）を享受している場合，グループ内サービスを受けている，またはその対価を支払う必要があると判断されるべきではないということが示されています（パラグラフ7.13）。なお，ここでいう「付随的な（incidental）」とは，単に企業グループに属していることだけで得られていることを意味し，特定の行動や当該便益を生じさせるための取引がないことを前提としています。例えば，企業グループに属しているだけで銀行からの格付けが上がり，親会社による債務保証等がなくても借入利子が低くて済む場合などは，「付随的な便益」として，その利子の低下分について親会社に対価を支払う必要はないと考えられます。

　新OECDガイドラインディスカッションドラフトでは，そうした付随的な便益ではなく，何らかの「協調した行動（concerted group action）」によりグループシナジーが生じ，グループに属さない同市場の独立企業と比べて多くの便益（または不利益）を生む場合，独立企業間価格の算定において調整計算が

必要となることが示されています。例えば企業グループが，グループの原材料仕入を1つのグループ企業で一括して行うこととし，ボリュームディスカウントを受け，そのグループ企業が他のグループ企業に当該原材料を販売する場合，購入条件の優位性を享受するための「協調した行動」をとったものと考えられます。同様に，本社または地域統括会社の購買マネージャーが，グループ全体の購買に関してサプライヤーと価格交渉を行い，各グループ企業が当該原材料業者から直接仕入れる原材料単価を下げることに成功した場合，グループ企業を介した原材料取引はなくとも，「協調した行動」がとられたものと考えられます。

このように，「協調した行動」によりシナジーが生じ，多国籍企業グループに比較対象となる単独の独立企業にはない重要な便益（または不利益）をもたらす場合，①当該便益の内容を精査し，②当該便益の金額を算定し，③当該便益がどのようにグループ間で配分されるべきかを判断する必要があります。

ここで「協調した行動」に起因する重要なグループシナジーが存在する場合，当該便益は各企業の寄与度に応じて配分されることが示されています。例えば，共同購買によるボリュームディスカウントでグループに便益が生じる場合，当該ディスカウントはグループ全体の購買総量の大きさに起因するものであることから，まずその共同購買を主導した者に適切な報酬（役務対価）が配分された後，各グループ企業が，各社の購買量に応じて残りの便益の配分を受けるべきであると考えられます。

以下，新OECDガイドラインディスカッションドラフトにおいて示されている事例を参考に，筆者が一部意訳・加筆し記述します。

（4） 共同購買によるボリュームディスカウントの取扱い事例① ──特定の法人が一括で仕入を行い，他のグループ企業へ販売する場合──

多国籍企業グループに属する企業Aが，グループを代表して使用原材料の共同購買責任者となるとします。そしてAは独立のサプライヤーから原材料

を一括で購入し，他のグループ企業に再販売するとします。Aはグループ企業として大量の仕入を行うことを前提に交渉を行い，通常$200の原材料単価を$110に減額させることに成功したとします。この状況において，Aが他のグループ企業に販売する原材料の独立企業間価格は，通常単価である$200を基準とすべきではなく，$110を基準とし，Aの共同購買に係るサービスフィーを考慮して決定すべきであると考えられます。もし，Aの共同購買に係るサービスフィーにつき，比較対象となる独立企業が1単位当たり$6を得ている場合，Aから他のグループ企業への販売単価は$110＋$6＝$116となるものと考えられます。この場合，各グループ企業は，共同購買に係る便益を1単位当たり$84得ることとなり，Aは共同購買に係る機能に対して1単位当たり$6の報酬を得ることとなります[8]。

（5） 共同購買によるボリュームディスカウントの取扱い事例②
──特定の法人がグループ企業を代表して価格交渉を行う場合──

上記取扱い事例①のケースにおいて，Aが独立のサプライヤーから原材料を一括購入するのではなく，価格交渉のみを代表して行うものとし，各グループ企業は独立のサプライヤーから原材料を直接購入するとします（各グループ企業は，通常単価$200の原材料を$110の単価でサプライヤーから直接購入することができるようになったとします）。この場合，各グループ企業はサプライヤーから直接原材料を購入するためAとグループ企業との間で原材料の売買取引は生じませんが，各グループ企業は，Aの購買機能に対して1単位当たり$6の役務対価を支払うこととなります[9]。

筆者補足：上記取扱い事例①および取扱い事例②は，説明上，共同購買責任者が原材料1単位当たり$6のサービスフィーを受け取る形で紹介

---

(8) 新OECDガイドラインディスカッションドラフトD.8.28を参照。
(9) 新OECDガイドラインディスカッションドラフトD.8.29を参照。

されているため，取引量が大きくなる場合，乗数的にサービスフィーが計算されると，多くの利益が共同購買責任者に帰属するように見えます。しかし，平成25年度税制改正でベリー比の使用が導入されたことからも，共同購買責任者の果たす機能に比して異常な利益が配分される場合には，移転価格税制上問題が生じる可能性があるものと考えられます。やはり事案ごとに事実関係を精査し，各関連者の果たす機能とリスクを分析したうえで，移転価格の算定を検討していく必要があるものと考えられます。

(6) 共同購買によるボリュームディスカウントの取扱い事例③

A国に本社が所在する多国籍企業グループが，B国（税率30％）およびC国（税率10％）に製造子会社を有するとします。また，当該グループはD国にシェアードサービスセンターを有するものとします。製造活動を行うB国子会社およびC国子会社が，その製造工程において，それぞれ5,000個の部材を独立のサプライヤーから購入する必要があるとします。また，D国のシェアードサービスセンターは，B国子会社およびC国子会社を含むグループ企業の購買を含む管理業務を一括して代行しており，その役務対価としてD国子会社で生じたコストに比較対象会社の利益水準に基づいたマークアップを付した額を受け取っているとします。

独立のサプライヤーは当該部材を通常1単位当たり$10で販売しており，7,500個を超えるバルクで購入する場合には5％のディスカウントを行っているとします。D国子会社の購買担当者が，そのサプライヤーにコンタクトをとり，B国子会社とC国子会社がそれぞれ5,000個を仕入れる場合，グループとしては10,000個を仕入れていることになるため，割引の対象となるかを確認したところ，5％のディスカウントにより合計で$95,000の支払となることが認められ，B国子会社およびD国子会社はそれぞれ5％引きの価格でサプライヤーから直接購入することができるようになったとします。

シェアードサービスセンターの購買担当者が各子会社の要求する部材の個数を再度確認したところ，B国子会社およびC国子会社がそれぞれ5,000個の部材を要求したことから，予定どおり10,000個をサプライヤーに注文するとします。前述のとおり10,000個を購入する場合，5％のディスカウントとなるため支払総額は$95,000となりますが，ここで，B国の税率は30％，C国の税率は10％であることから購買担当者は税務メリットを得るため，サプライヤーにB国子会社に対して5,000個を$50,000で請求し，C国子会社に対して5,000個を$45,000で請求するよう指示したとします（サプライヤーとしては合計で$95,000を回収できれば問題ないため，この指示に従ったとします）。

このような状況において，B国税務当局がB国子会社の費用を$2,500減額させる移転価格更正を行うことは妥当であると考えられます。なぜなら，B国子会社の部材5,000個に係る支払金額$50,000はグループシナジーの影響が反映されていないためです。B国子会社は5,000個の部材を単独で仕入れた場合，$50,000以下で購入することはできませんが，グループシナジーにより$2,500のディスカウントを受けられるはずであり，その恩恵をC国子会社がすべて享受するのは不合理だからです。B国子会社およびC国子会社との間に取引はありませんが，この場合，購買に係る支払方法のアレンジにより，ボリュームディスカウントによる便益の一部がB国子会社からC国子会社に移転されたものと考えられます[10]。

---

(10) 新OECDガイドラインディスカッションドラフトD.8.30～33を参照。

あとがき

　本書の執筆には1年あまりの期間を要しましたが，この1年の間にも移転価格税制をめぐって国内および世界中でさまざまな議論がなされており，移転価格税制は過渡期を迎えているように感じています。

　まず日本国内での変化としては，課税対象が大企業から中小・中堅企業へと移行しているという現実があります。移転価格税制は，その始まりが大企業に対する課税にあったこともあり，税務調査の方法，または我々専門家の対応方法も大企業を前提としてきた部分が大きかったように感じています。課税の公平性は保たれなければなりませんが，移転価格税制への対応に係るコストを含め，今後は中小・中堅企業にとっての移転価格税制について正面から考えていかなければならないのではないかと考えています。

　移転価格税制そのものに関する議論としては，理論と実務との乖離の問題もあげられます。10年ほど前には移転価格の算定方法に関する方法論もまだ確立されておらず，そもそも独立企業間価格とは何かといった基礎理論から，具体的な移転価格算定方法のあり方を含め，税務当局と専門家を中心に学術的な議論が重ねられてきたように思われます。理論面では専門家の間で概ねコンセンサスが取られているように思われますが，例えば比較対象会社の選定などに際し，実務では限られたデータベース情報の中から消去法で選ぶことから，選ばれた比較対象会社が十分な比較可能性を有していない場合もあります。しかし移転価格税制の執行上，何らかの比較対象を使用しなければならないため，そうした比較可能性の低い比較対象会社をもとに課税が執行されてしまうことも否めない面があり，比較可能性の問題について理論と実務上の限界との間をどのように考えていくのかについては今後も議論がなされていくものと思われます。

　また，世界での利益配分の問題については，この10年の間はOECD租税委

員会が主体となって議論されており，また移転価格課税および相互協議が行われるのも日米間や日豪間などの先進国同士の取引が中心であったこともあり，実務によって積み上げられた経験値もまた先進国の論理がもとになっているように思われます。その最たるものとして，無形資産とロイヤルティに関する取扱いがあげられます。これまでは我々専門家も，海外市場で生じた利益の多くは本社での研究開発投資の結果生み出された技術に起因するものであるということを前提とした所得の配分にあまり疑いを持たなかった感があります。しかし新興国側に目線を移せば，無形資産の所有者にすべての超過利益が帰属するといった考えには同意できない面も理解できます。本書の補章でも記述したとおり，市場の要因によって生じている利益も確かにあるものと考えられ，今後は中国・インドを中心とした新興国による国連グループの主張にも十分に耳を傾け，「独立企業原則」に照らして何があるべき姿なのかを既成概念に囚われずに考えていかなければならないのではないかと思われます。

　BEPSを中心とした特定の大企業による租税回避行為への対応については，特に日本の企業はそうした積極的なタックスプランニングを実行している例が非常に少ないため，その議論の行方が実務に与える影響は限定的とも考えられますが，その議論の中で無形資産の取扱いに関して新たな指針が出る場合には実務に影響する部分も少なからず出てくるかと思われます。

　また実務への影響が大きいと考えられるのは移転価格に関する開示・報告方法の議論です。各法人の所在国での移転価格の文書化資料の作成義務については，各国が導入を進めてきましたが，近年では多国籍企業が関連するすべての政府に，グローバルの利益の配分，経済活動，各国に納付した租税に関する必要情報を共通のテンプレート（Country-by-Country reporting，国別報告書，CBCレポート）を使って報告させるといった議論も出ています。また移転価格文書化は，多国籍企業グループ全体に共通する基本情報を記載するマスターファイルと，各国の関連会社の取引情報を記載するローカルファイルの2層構造となることも検討されています。議論の行方によっては企業にとっての移転価格対応にかかる負担や外部専門家の対応も変わってきます。今後数年の間に

何らかの実務への影響も出てくるのではないかと思われます。ただし，開示の方法にかかわらず，移転価格課税の判断は適正な取引価格の設定・利益配分が行われているか否かにつきることから，企業としては粛々と移転価格税制に対応した移転価格ポリシーを構築し，現行のルールに則った文書化を行っていくべきであると考えられます。

　このように，今後数年の間に移転価格税制をめぐってさまざまな変化が生じていくものと推察されますが，本書で記載した移転価格の基本的な調査ステップや課税判断に大きな変化はないものと考えられます。本書が移転価格税制に対する理解の一助となることを期待し，また，すべての日本企業が海外展開への障害をなくし，大きく発展していくことを祈ります。

　平成26年7月

田　島　宏　一

【著者紹介】

田島　宏一（たじま　ひろかず）
税理士，移転価格専門家

　新日本アーンストアンドヤング税理士法人（現 EY 税理士法人）移転価格部門において，APA（事前確認申請），移転価格税務調査対応等を数多く経験。その後，税理士法人トーマツ 移転価格部門において移転価格文書化，税務調査対応，移転価格ポリシー構築，実効税率低減のための組織再編，買収に係る移転価格リスクデューデリジェンス等，さまざまな移転価格プロジェクトを統括。特に無形資産取引にかかるロイヤルティ設定や，税務コスト低減のための組織再編など複雑な事案についても強みを持っている。上記の経歴により，これまで10年にわたり移転価格コンサルティングを行ってきた。

　2012年に GMT 移転価格税理士事務所を設立し，現在では移転価格ポリシーの構築及び移転価格文書化等のコンサルティングや税務調査対応を中心に尽力し，経済産業省への政策アドバイス，地方県庁での講演，新聞・専門誌での移転価格課税動向の解説なども行っている。

GMT 移転価格税理士事務所　（http://www.itenkakaku.jp）
GMT 移転価格コンサルティング株式会社

　GMT 移転価格グループでは，主に連結売上10億円～500億円の中堅企業を中心に，移転価格ポリシーの構築，移転価格文書化支援などの移転価格コンサルティングを行っています。移転価格コンサルティングに専門特化することで，知識と経験を集約し，無駄なコストを最小化することで，リーズナブルかつ最高品質のサービスを提供することを目指しています。移転価格以外の分野については他の専門家と協力をし，中堅企業のより活発な海外展開を応援しています。

移転価格の税務調査対応マニュアル

2014年9月10日　第1版第1刷発行

編　者	GMT移転価格税理士事務所
著　者	田　島　宏　一
発行者	山　本　憲　央
発行所	㈱中央経済社

〒101-0051　東京都千代田区神田神保町1-31-2
電話 03（3293）3371（編集部）
　　 03（3293）3381（営業部）
http://www.chuokeizai.co.jp/
振替口座　00100-8-8432

© 2014
Printed in Japan

印刷／㈱堀内印刷所
製本／㈱関川製本所

※頁の「欠落」や「順序違い」などがありましたらお取り替えいたしますので小社営業部までご送付ください。（送料小社負担）

ISBN978-4-502-11181-5　C3034

JCOPY〈出版者著作権管理機構委託出版物〉本書を無断で複写複製（コピー）することは，著作権法上の例外を除き，禁じられています。本書をコピーされる場合は事前に出版者著作権管理機構（JCOPY）の許諾を受けてください。
　　JCOPY〈http://www.jcopy.or.jp　eメール：info@jcopy.or.jp　電話：03-3513-6969〉

●実務・受験に愛用されている読みやすく正確な内容のロングセラー！

定評ある税の法規・通達集シリーズ

所得税法規集
日本税理士会連合会 編
中央経済社

❶所得税法　❷同施行令・同施行規則・同関係告示　❸租税特別措置法・同施行令・同施行規則（抄）　❹震災特例法・同施行令・同施行規則（抄）　❺復興財源確保法（抄）　❻復興特別所得税に関する政令・同省令　❼災害減免法・同施行令（抄）　❽国外送金等調書提出法・同施行令・同施行規則・同関係告示

所得税取扱通達集
日本税理士会連合会 編
中央経済社

❶所得税取扱通達（基本通達／個別通達）　❷租税特別措置法関係通達　❸国外送金等調書提出法関係通達　❹災害被害者に対する租税の減免，徴収猶予等に関する法律関係通達　❺震災特例法関係通達　❻索引

法人税法規集
日本税理士会連合会 編
中央経済社

❶法人税法　❷同施行令・同施行規則・法人税申告書一覧表　❸減価償却耐用年数省令　❹法人税法関係告示　❺租税特別措置法（抄）　❻同施行令・同施行規則（抄）・同関係告示　❼震災特例法・同施行令・同施行規則（抄）　❽復興財源確保法（抄）　❾復興特別法人税に関する政令・同省令　❿租特透明化法・同施行令・同施行規則

法人税取扱通達集
日本税理士会連合会 編
中央経済社

❶法人税取扱通達（基本通達／個別通達）　❷租税特別措置法関係通達（法人税編）　❸連結納税基本通達　❹租税特別措置法関係通達（連結納税編）　❺減価償却資産の耐用年数等に関する省令　❻機械装置の細目と個別年数　❼耐用年数の適用等に関する取扱通達　❽震災特例法関係通達　❾復興特別法人税関係通達　❿索引

相続税法規通達集
日本税理士会連合会 編
中央経済社

❶相続税法　❷同施行令　❸同施行規則　❹同関係告示　❺土地評価審議会令　❻同省令　❼相続税法基本通達　❽財産評価基本通達　❾相続税法関係個別通達　❿租税特別措置法（抄）　⓫同施行令・同施行規則（抄）　⓬同関係告示　⓭相続税特別措置法（相続税法の特例）関係通達　⓮震災特例法・同施行令・同施行規則（抄）　⓯震災特例法関係告示　⓰震災特例法関係通達　⓱災害減免法　⓲同施行令　⓳国外送金等調書提出法・同施行令・同施行規則・同関係通達

国税通則・徴収・犯則法規集
日本税理士会連合会 編
中央経済社

❶国税通則法　❷同施行令・同施行規則　❸国税通則法関係通達　❹租税特別措置法・同施行規則（抄）　❺国税徴収法　❻同施行令・同施行規則　❼国税犯則取締法・同施行規則　❽滞納処分と強制執行等との手続の調整に関する法律（抄）　❾同政令　❿行政手続法　⓫行政不服審査法　⓬行政事件訴訟法　⓭組織的な犯罪の処罰及び犯罪収益の規制等に関する法律（抄）　⓮没収保全と滞納処分との手続の調整に関する政令　⓯犯則収益に係る保全手続等に関する規則（抄）　⓰麻薬特例法（抄）

消費税法規通達集
日本税理士会連合会 編
中央経済社

❶消費税法　❷別表第三等に関する法令　❸同施行令　❹同施行規則　❺同関係告示　❻消費税法基本通達　❼消費税申告書様式等　❽消費税取扱通達等　❾租税特別措置法（抄）　❿同施行令・同施行規則（抄）　⓫消費税転嫁対策法　⓬震災特例法・同施行令・同施行規則（抄）　⓭震災特例法関係告示　⓮震災特例関係通達　⓯税制改革法等　⓰地方税法　⓱同施行令・同施行規則・同関係通達　⓲所得・法人税政省令　⓳輸徴法令　⓴関税法令（抄）　㉑関税定率法令（抄）

中央経済社